Kaffee, Klatsch & Kuchen

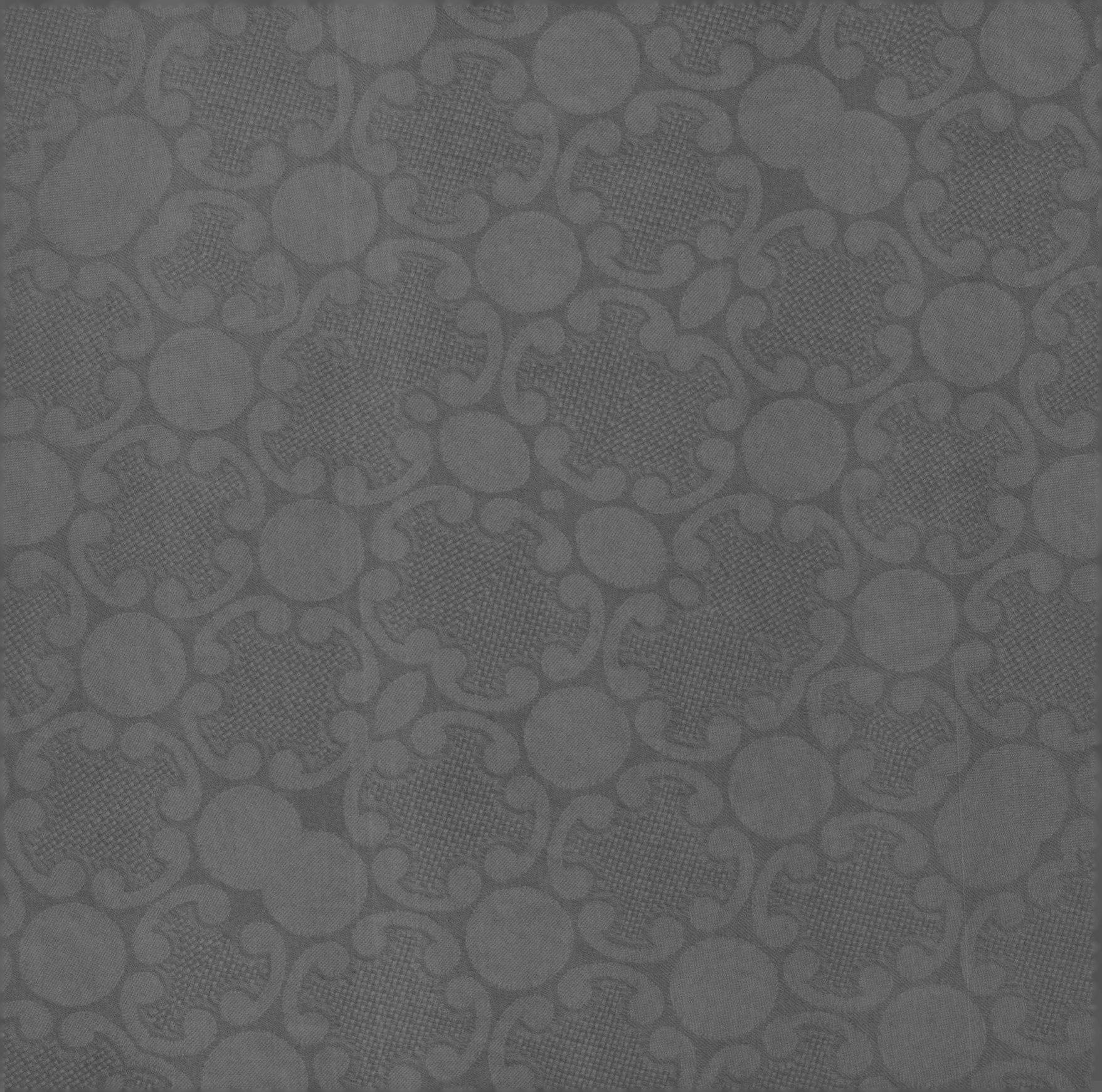

KAFFEE, KLATSCH & KUCHEN

ELLES KÄRCHER UND CONNY MARX

THORBECKE

Mix
Produktgruppe aus vorbildlich
bewirtschafteten Wäldern, kontrollierten
Herkünften und Recyclingholz oder -fasern
www.fsc.org Zert.-Nr. GFA-COC-001575
© 1996 Forest Stewardship Council

Für die Schwabenverlag AG ist Nachhaltigkeit ein wichtiger
Maßstab ihres Handelns. Wir achten daher auf den Einsatz um-
weltschonender Ressourcen und Materialien.
Dieses Buch wurde auf FSC-zertifiziertem Papier gedruckt. FSC
(Forest Stewardship Council) ist eine nicht staatliche, gemein-
nützige Organisation, die sich für eine ökologische und sozial
verantwortliche Nutzung der Wälder unserer Erde einsetzt.

Bibliografische Information der Deutschen Nationalbibliothek
Die Deutsche Nationalbibliothek verzeichnet diese Publikation in
der Deutschen Nationalbibliografie; detaillierte bibliografische
Daten sind im Internet über http://dnb.d-nb.de abrufbar.
© 2009 by Jan Thorbecke Verlag der Schwabenverlag AG, Ostfildern
www.thorbecke.de · info@thorbecke.de

Gestaltung: Finken & Bumiller,
Saskia Bannasch
Gesamtherstellung: Jan Thorbecke Verlag, Ostfildern
Hergestellt in Deutschland
ISBN 978-3-7995-0843-8

INHALT

Einladung zum Kaffeeklatsch 6 | Warum Kaffee, Klatsch & Kuchen? 7 | Frühlings-
plausch – Endlich raus und alles ist rosa 15 | Sommerlust – Die Sonne scheint und
alles geht 45 | Herbstgeschnatter – Rustikal am großen Holztisch 75 | Winterzauber –
Opulent und ohne Hemmungen 105 |

Anhang 135 | Register 135 | Ein letztes Wort 136 | Die Autorinnen 136

EINLADUNG
ZUM KAFFEEKLATSCH

Gibt es etwas Schöneres als die Vorfreude darauf, sich die besten Freundinnen für ein paar Stunden zum Kaffee einzuladen? Zu tratschen, zu lachen, Kaffee und selbst gebackenen Kuchen zu genießen? Der Mann nicht zu Hause, die Kinder noch im Kindergarten oder schon beim Sport und der Duft von Zimt und Zitrone, der langsam vom Backofen aus das ganze Haus durchzieht. Endlich wieder die Gelegenheit, mit Lust und Liebe die ganz große Tafel zu decken. Wir sind es uns wert! Hingebungsvoll – ohne Anspruch auf Perfektion. Und dann ist einer der schönsten Momente für mich als Gastgeberin zum Greifen nah: Ich habe mich endlich schick gemacht und stehe mit einem Glas Prosecco in der Hand auf meinen neuen, für mich wirklich hohen Schuhen in der Küche – kurz bevor die ersten Freundinnen gleich klingeln werden – und gebe mancher vorbereiteten Köstlichkeit noch schnell den letzten Schliff. Und während ich die Sahne umfülle, die Tortenheber auf dem Tisch verteile und meinen Freundinnen den Aperitif richte, fühle ich mich durch und durch glamourös. Für mich gibt es kein besseres Rezept, sich selbst in Partylaune zu bringen, als Prosecco, herrlich unvernünftige Schuhe und die Aussicht auf die kommenden schönen Stunden!

Dieses Buch ist eine Dokumentation aus meinem Leben: eine Mischung aus Backrezepten, Lifestyle und Dekoideen – dargestellt in vielen Fotografien. Dieses Buch ist eine Einladung: für alle Frauen, die Sinn für die schönen Dinge des Lebens haben und sich die Zeit nehmen, diese zu genießen. Für alle Frauen, die den Unterschied zwischen Selbstgebackenem und Gekauftem schmecken. Für alle Frauen, die es doch einmal selbst ausprobieren wollen – das Kneten und Rühren, das Formen und Verzieren, das Decken und Gestalten. → Herzlich willkommen bei Kaffee, Klatsch und Kuchen!

Elles Kärcher

WARUM KAFFEE, KLATSCH & KUCHEN?

WARUM MUSS ES KAFFEE SEIN?

Die Geschichtsschreibung des Kaffees ist gar nicht so alt; Die Kultivierung begann erst im 15. Jahrhundert. Und das, obwohl Kaffee nach Erdöl das zweitwichtigste Handelsprodukt der Welt und des Deutschen liebstes Getränk ist - im Schnitt trinkt er knapp drei Tassen Kaffee am Tag. Doch noch einmal zurück zum Anfang: Die ersten Kaffeesträucher wuchsen in der Provinz Kaffa in Äthiopien. Einer Legende zufolge beobachteten Hirten dort ihre Ziegen, die, nachdem sie die kirschähnlichen Früchte eines Strauches geknabbert hatten, wild umhersprangen und so gar nicht müde wurden. Das machte die Männer neugierig: Sie pflückten die Früchte, bereiteten daraus einen Sud und waren von der belebenden Wirkung begeistert. Vielleicht sind die Hirten damals aber auch einfach am Lagerfeuer unter einem Kaffeebaum eingeschlafen. Als irgendwann eine Frucht des Baumes ins Feuer fiel, wurden sie durch den belebenden Duft geweckt und gingen der Sache nach: Der erste geröstete Kaffee war entstanden. Niemand weiß es ganz genau.

Von Äthiopien aus gelangten die Kaffeebohnen im 14. Jahrhundert, vermutlich durch Sklavenhändler, nach Arabien, wo der Kaffee auch seinem Namen erhielt. Noch heute wird er dort »qahwa« genannt. Die Nomaden tranken überall dieses neue, heiße und schwarze Getränk. Kriege, Beutefeldzüge und Eroberungen sorgten ebenfalls für die weitere Verbreitung des Kaffees. Auf diesem Weg kam das neue Getränk schließlich auch zu den Türken. Nun dauerte es nicht mehr lange, bis er im ganzen Orient getrunken wurde. Man würzte ihn mit Kardamom, Anis oder Nelken und trank ihn aus kleinen Porzellanschälchen. Das erste Kaffeehaus wurde 1554 in Konstantinopel (Istanbul) eröffnet, wo seither reger Kaffeehausbetrieb herrscht. Hundert Jahre später war der Kaffee in Venedig, London - kurz: in fast allen europäischen Metropolen - en vogue. Das erste deutsche Kaffeehaus gab es 1697 in Bremen.

Anfang des 18. Jahrhunderts, als man den Kaffee und seine Wirkung noch kaum erforscht hatte, wurde das Getränk von nicht wenigen Zeitgenossen als ein Gebräu des Teufels erachtet. Kaffee war heiß wie das Feuer und die Hölle und schwarz wie die Sünde und der Teufel. Er galt als etwas Obskures, als Lustgetränk. Dabei war die Furcht groß, dass häufiger Kaffeegenuss zum Tode führe könnte. Der schwedische König Gustav III. (1746-1792) wollte das beweisen. Er begnadigte zwei zum Tode verurteilte Häftlinge und flößte dem einen täglich Kaffee, dem anderen Tee ein. Doch das Experiment nahm eine gänzlich andere Wendung: Die Häftlinge überlebten die Ärzte, dann den König und der Kaffeetrinker schlussendlich den Teetrinker.

Kaufen konnte man den Kaffee zu der Zeit in Apotheken; mitten unter den anderen Arzneimitteln stand immer ein Tiegel »Coffea Arabica«. Vom Schnupfen bis hin zu schönen weißen Zähnen - Kaffee schien für alles gut. Und wie angenehm war es doch, etwas für seine Gesundheit zu tun und gleichzeitig den guten Geschmack zu genießen. Die Zusammensetzung der Kaffee-Inhaltsstoffe ist dabei bis heute nicht völlig geklärt. Kaffee ist ein Gemisch aus über tausend Substanzen und rund fünfzig Aromastoffe ergeben den Geschmack. Und es ist bis heute nicht möglich, das Aroma gerösteter Kaffeebohnen künstlich herzustellen.

Die Wirkung von Kaffee auf die Menschen ist durchaus unterschiedlich, wenn auch die belebende Wirkung eindeutig überwiegt. Schon Mohammed soll nach dem Genuss von Kaffee fähig gewesen sein, vierzig ausgewachsene Männer aus dem Sattel zu heben und nicht weniger als vierzig Jungfrauen die Liebe zu lehren. Um die aufmunternde und konzentrationsfördernde Wirkung des Kaffees voll auszuschöpfen, ist es besser, viele kleine Schlucke über den Tag verteilt zu trinken als eine große Tasse am Morgen. Schon länger ist die entwässernde Wirkung widerlegt worden und auch ein Zusammenhang zwischen Kaffeekonsum und Bluthochdruck konnte nicht nachgewiesen werden. Neuere Studien haben sogar gezeigt, dass Kaffee eine durchaus gesundheitsfördernde Wirkung haben kann.

Doch geht es für uns Genießer nicht in erster Linie um das Aroma und den einzigartigen Geschmack von Kaffee? Die charakteristischen Merkmale bestimmen vor allem die Anbaugebiete: Steht Kaffee aus Latein- und Mittelamerika (Costa Rica, Guatemala) für edle, säurebetonte Bohnen mit Kakao- und Nussaroma, so wachsen in Afrika und Arabien (Äthiopien, Kenia, Jemen) Sorten mit fruchtiger Note und leichter Fülle. Indonesien (Java, Sumatra, Sulawesi) ist bekannt für erdige, nussige und würzige Sorten mit wenig Säure. Der kurioseste und zugleich wohl teuerste Kaffee der Welt ist übrigens der Kopi Luwak. Hierbei verspeisen indonesische Zibet-Katzen, sogenannte Luwaks, reife Kaffeekirschen und scheiden die unverdaulichen Bohnen wieder aus. Gereinigt und geröstet gelten sie bei exzentrischen Kaffee-Kennern als Kostbarkeit mit besonderem Aroma, schließlich kostet ein Kilo dieser kuriosen Kaffee-Rarität rund tausend Euro.

Wichtig ist natürlich zu wissen, wie man die verschiedenen Kaffeesorten am besten zubereitet und serviert. Und was der Sommelier für den Wein, ist der Barista für die braunen Bohnen. Er kennt sie alle: Vom Caffè Americano (mit heißem Wasser verlängerter Espresso) über den Caffè Mocha (flüssige Schokolade, Milch und Espresso) bis hin zum allseits bekannten Cappuccino (Espresso mit aufgeschäumter Milch und Kakaopulver). Und doch hat wahrscheinlich jeder sein Geheimrezept. Ludwig van Beethoven hatte es sich zum Beispiel angewöhnt, exakt sechzig Bohnen abzuzählen, um daraus seine Tasse Mokka zu kochen. Vielleicht hat auch er bereits um die vielfältigen Einsatzmöglichkeiten dieses schwarzen Gebräus gewusst, und nach dem Genuss seiner Tasse Mokka zuerst aus dem Kaffeesatz die Zukunft gelesen, um ihn anschließend als idealen Gartendünger zu verwenden. Wenn mich mal wieder das Fernweh packt, wirkt der Besuch einer kleinen Bar in Stuttgart wahre Wunder: ein leicht gesüßter Espresso im Stehen und Italien ist nicht mehr fern.

KAFFEEKLATSCH UND KAFFEEKRÄNZCHEN

Woher kommt das Wort »Klatsch« beim Kaffeeklatsch? Klatschen beschreibt ein schlagendes Geräusch, zum Beispiel von nasser Wäsche auf Steine. Genauso schlugen die Frauen früher an Seen oder Flüssen die gewaschene Wäsche an den Steinen am Ufer aus. Natürlich plauderten und tratschten die Waschfrauen bei der Arbeit. Die monotone und körperlich harte Arbeit wurde geradezu kompensiert durch ausgiebige Gespräche über sehr weibliche Themen. Hier war die Gelegenheit, junge Frauen in die Geheimnisse der Sexualität einzuführen oder über die uneheliche Schwangerschaft einer lieben Freundin zu spekulieren. Mit den Händen wurden die anstößigen Flecken aus den Unterröcken gerieben und mit dem Mund die passenden Geschichten gewaschen. So etablierte sich Klatsch als eine Form der Unterhaltung, bei der nicht selten delikate Informationen über leider nicht anwesende Personen ausgetauscht wurden – wobei besagte Personen oft aus dem direkten Bekanntenkreis stammten. Und die Gesprächsthemen waren und sind natürlich sehr persönlicher Natur. Der Genussaspekt beim Sprechen irritierte die Männer des 18. Jahrhunderts, die anscheinend das nüchterne Gespräch bevorzugten. Sie prägten die negative Bedeutung des Klatsches und schrieben ihn als Kommunikationsform den Frauen zu. Die Männer wollten den reinen Informationsaustausch, und den am liebsten in den Kaffeehäusern. Der Mann trank seinen Mokka im Licht der Öffentlichkeit, die Frau blieb zu Hause. Trotz des Zeitalters der Aufklärung blieben die Frauen weiterhin in ihrer häuslichen Wirkungsstätte, und da bot sich die Kaffeeeinladung als ideale Bewirtungsform an, denn hier konnten sie endlich all ihre weiblichen Tugenden ausspielen, die die Konventionen ihnen vorgaben. So war der Kaffeeklatsch im 19. Jahrhundert eine Melange aus Tischkultur, Anstandsschule und unterhaltsamer Bildungsveranstaltung. Die schöngeistigen Gespräche am Kaffeetisch und die Lesekränzchen ersetzten den Frauen das offizielle Studium. Zusammen mit Freundinnen lernten die Frauen beim Kaffeekränzchen, ihre eigenen Standpunkte zu vertreten und zu reflektieren – kurz: die Bildung des praktischen Verstandes –, und es zeigten sich zugleich erste Spuren weiblicher Emanzipation.

Auch wenn die Herren der Schöpfung aus Furcht vor dem Ritual den Kaffeeklatsch von seinen Anfängen an zu bagatellisieren versuchten, so gibt es selbst heute noch Damenkaffeekränzchen, die von der Schulbank bis ins hohe Alter bestehen. Und als neues Mitglied in ein Kaffeekränzchen aufgenommen zu werden, galt immer als Ehre.

Meine Tante pflegt regelmäßig ein Kaffeekränzchen aus der Zeit ihrer Ausbildung bei der Bank, und das ist mittlerweile gut und gerne vierzig Jahre her. Meine Mutter hingegen hat vor einiger Zeit wieder einmal eine neue Kaffeeklatschrunde mit Schwimmfreundinnen ins Leben gerufen – schließlich ist es dafür nie zu spät. Ich selbst finde es spannend, immer wieder neue Konstellationen um den großen Tisch herum zu bilden – eine Mischung aus guten Freundinnen und bewährten Rezepten und zugleich aus neuen Gesichtern und bislang ungebackenen Kuchen.

VON DER LUST, DEN TEIG ZU KNETEN

Im Unterschied zum Kaffee ist die Geschichte des Kuchens wirklich alt. Im Lateinischen hieß er »placenta«, und das ist noch heute die Bezeichnung für »Mutterkuchen«. Bereits im 2. Jahrhundert vor Christus wurde ein Kuchen beschrieben, der dem heutigen Käsekuchen ähnelt. Hefe wurde schon von den Römern in der Antike verwendet. Im Mittelalter aß man eher süßes Brot oder Früchtebrot. Das Feingebäck schließlich entstand mit der Verbreitung des feinen Zuckers im 16. Jahrhundert und zeitgleich kam in Europa der Biskuitteig mit Schokolade und Vanille als neue Zutaten in Mode.

Spätestens seit dem 17. Jahrhundert war bereits eine Art Springform als Backform bekannt. Bis zur Französischen Revolution war der Konditor jedoch fast ausschließlich bei Hofe beschäftigt und auch der deutsche Zuckerbäcker bediente mit dem weißen Gold ursprünglich nur die Fürsten ganz im Zuckerbäckerstil. Im 18. Jahrhundert ging das höfische Zeremoniell auf die Bürgerschicht über und brachte eine neue Form der Gastlichkeit. Denn man stellte schnell fest, dass zu Torten aus Mürbteig oder Biskuit der Geschmack des Bohnenkaffees sehr gut harmoniert und dass dieser nach einem schweren Mahl wohltuend aufmunternd wirkt. Mit der Entwicklung des Backpulvers im 19. Jahrhundert wurde das Backen in Deutschland endgültig privat. Der Kuchen gelang garantiert, schoss luftig in die Höhe, und das auch noch preisgünstiger, denn das Backpulver half, Eier zu sparen. Außerdem ließ sich der Teig leichter zubereiten. Dabei gab man sich aristokratisch, mit dem gewissen Sinn für Festlichkeit. Die feinen Speisen wurden dabei mit Aufwand, Hingabe und natürlich Wärme zubereitet. Wärme oder Feuer steht in allen Kulturen für Festlichkeit und Gastfreundschaft: Man sitzt um die Feuerstelle, schmaust, trinkt, unterhält sich und wächst zu einer Gemeinschaft heran.

Aber warum muss der Kuchen selbst gebacken sein? Seit etwa zweihundert Jahren gelten Mutters selbst gebackene Kuchen im deutschen Kulturraum als Inbegriff von Liebe und Geborgenheit. Das Urbild weiblicher Bewirtungskunst in Deutschland ist Mamas Napfkuchen: der Rührkuchen als Symbol mütterlicher Nestwärme und das häusliche Backen als ausschließlich weibliche Domäne. Den Frauen im 19. Jahrhundert wurden von den Lehrern und Pfarrern, den Gouvernanten und Ratgeberbüchern und schließlich von den eigenen Müttern drei Tugenden regelrecht eingeimpft: Mütterlichkeit, Sparsamkeit und Selbstlosigkeit. Der Frau stand Genügsamkeit an, die Unterdrückung persönlicher Interessen und der Verzicht auf die Entfaltung eigener Möglichkeiten. Das Bild der Frau als bescheiden im Hintergrund Wirkende, die nicht stolz auf ihre Leistungen ist, sondern sich stets dankbar zeigt und sich selbst als unwichtig nimmt. Da kommt das Selbstgebackene gerade recht. Die Frau versteht es zu haushalten und selbst zu backen. Sie trägt das vom Mann erwirtschaftete Geld nicht leichtfertig zum Konditor. Denn sie ist schließlich nicht geheiratet worden, um sich Eskapaden des Luxus zu gönnen.

Doch genau das tun wir! Wir genießen den Luxus, unsere eigenen Kuchen zu backen - und wir zelebrieren es! Sich die Zeit nehmen: zu rühren, zu kneten, zu backen und immer wieder zu naschen. Sich zu freuen auf den Duft von frisch Gebackenem, das Prickeln des Begrüßungsschlucks, die tolle Stimmung an der großen Tafel, das Lachen mit den besten Freundinnen. Es beginnt meistens ganz harmlos mit einem Telefonat mit der besten Freundin oder einem spontanen Gespräch mit der Nachbarin. Und es dauert nicht lange, da kommt wie von selbst die Idee zu einem baldigen Kaffeeklatsch - auch, um endlich einmal ausgiebig zu plaudern - nichts Großes, nichts Außergewöhnliches, nur wir paar Mädels, vielleicht noch die eine Neue, die ich immer beim Einkaufen hier im Viertel treffe und die nette Mutter von dem neuen Kindergartenkind. Schon ist die Runde perfekt! Eigentlich könnte ich jetzt gleich einkaufen gehen oder schaue ich doch noch einmal in dieses neue Backbuch und probiere endlich diese Schokotorte …? Natürlich überlege ich mir auch, wie ich dieses Mal den Tisch decken könnte und dass es die Gelegenheit wäre, endlich die neuen Schuhe anzuziehen - schließlich muss ich nicht weit laufen.

Ja, das Kaffeekränzchen ist ein Arrangement aus vielerlei Zutaten: Wir brauchen den Kaffee, den leckeren selbst gebackenen Kuchen, unser bestes Porzellan oder auch mal ganz einfache Becher, die entspannte Atmosphäre zu Hause, sei es versammelt um den großen Holztisch oder locker liegend auf der Decke im Garten, und als wichtigste Zutat die gleichgesinnten Freundinnen. Alles zusammen macht den Kaffeeklatsch zu dem, was er ist: die große Kunst des kleinen Festes!

FRÜHLINGS-PLAUSCH

ENDLICH RAUS UND ALLES IST ROSA

→ Es gibt ein sicheres Indiz dafür, dass es Frühling geworden ist – und das ist jedes Jahr das gleiche. Ich stehe vor meinem Kleiderschrank und suche nur kurz etwas zum Überziehen. Das heißt: Eigentlich bin ich fertig angezogen, nur das T-Shirt alleine ist mir zu kalt, der dicke Pullover war mir gestern aber schon viel zu warm. Ich habe nichts zum Anziehen. Kann das andere Geschlecht darüber meist nur milde lächeln, hadere ich noch mit mir, ob ich dem ersten Impuls nachgeben soll und direkt einen Kurztrip in die Innenstadt starte oder doch erst meinen Kleiderschrank von Winter auf Sommer umstelle. Das kann das Problem natürlich niemals ganz lösen, aber es könnte mich vor Fehlkäufen bewahren, die sich noch vom letzten Frühling in den hintersten Schrankfächern befinden …

Mein Kleiderschrank ist die eine, die etwas verwahrloste Terrasse (vom Garten ganz zu schweigen) die andere Herausforderung. Also entscheide ich mich gegen die City und für die kleine Gärtnerei zwischen den Feldern – zumal die genau auf dem Weg zum Kindersport liegt. Und da habe ich es gesehen: Der Frühling ist rosa. Rosa Gänseblümchen, rosa Primeln, rosa Tulpen und Hyazinthen (o.k., da muss ich mir die Farbe noch denken, noch sieht man nichts als grüne Blattspitzen). Natürlich gibt es die meisten Pflanzen auch in anderen Farben, doch nichts symbolisiert für mich den Aufbruch der Natur besser als Rosa. Abgesehen davon sieht es einfach toll in Tontöpfen aus!

Und dann zieht es mich doch noch in die City. Endlich wieder draußen eine Latte macchiato trinken, und zwar nicht, um sich die klammen Finger an dem heißen Becher zu wärmen, sondern um die ersten Sonnenstrahlen wärmend im Gesicht zu spüren und einfach nur herumzuschlendern – dafür eignet sich der samstägliche Flohmarkt auf dem Karlsplatz in Stuttgart ideal. Dabei gibt es noch die eine oder andere Entdeckung für den nächsten Kaffeeklatsch. Wie wäre es mit ganz unterschiedlich gemusterten Einzelgedecken auf der nächsten Kaffeetafel? Es müssen keine Unikate sein – schöne Muster und Frühlingsfarben sprechen mich viel mehr an. Ich muss zugeben, das Handeln und

Feilschen um jeden Cent macht mir richtig Spaß! Und alle sind so gut gelaunt! Wie euphorisierend sich Sonne und milde Temperaturen aufs Gemüt auswirken, lässt sich hier an jedem Stand erspüren – Frühlingsgefühle liegen in der Luft. Die ersten warmen Tage im Jahr sind wie Doping für das wintergeplagte Gemüt.

Ich gehe dann noch weiter zum Alten Schloss. Hier auf dem Blumenmarkt gibt es einen Stand mit eigenem Spargel-, Kartoffel- und Erdbeeranbau. Da kann ich einfach nicht daran vorbeigehen. Spargel in Weiß und Grün und dazu die ersten kleinen neuen Kartoffeln – das ist Frühling!

Diese Kombination darf bei meinem Frühlingsklatsch nicht fehlen: Aufgespießt als Fingerfood und kombiniert mit geriebenem Parmesan und Schnittlauchröllchen wird das eine herzhafte Abwechslung zu den süßen Törtchen. Erdbeeren nehme ich auch gleich noch mit – auch wenn die ersten noch keine heimischen sind. Sie duften und schmecken schon sehr verführerisch – schuld daran sind über dreihundert chemische Verbindungen, die das unvergleichliche Aroma von Erdbeeren ausmachen. Wichtig ist, sie erst kurz vor dem Verarbeiten in stehendem Wasser zu waschen und anschließend das Grün abzuzupfen, so behalten sie ihr Aroma am besten. Wenn es dann endlich heimische Erdbeeren gibt, wollte ich sie immer schon einmal einfrieren – aber wie sehen sie anschließend aus? Besser ist es, sie zu pürieren, eventuell etwas zu zuckern und in kleinen Portionen einzufrieren. So halten sie bis zu zehn Monate und sind eine tolle Basis für Drinks, Desserts und Kuchen. Das wäre einmal eine andere Füllung für Petits Fours als immer Marmelade …

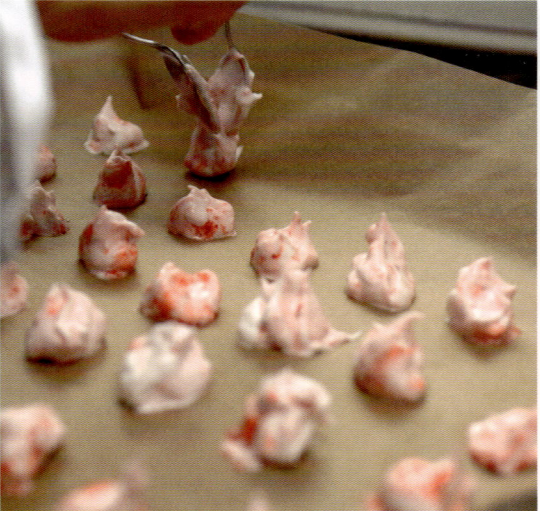

ERDBEERSCHÄUMCHEN

Zutaten: 600 g Erdbeeren / 8 Eiweiß / 1 Prise Salz / 375 g
feiner Zucker / 30 g Speisestärke / 50 g Mandelblättchen /
300 ml süße Sahne / 1 Pk. Vanillezucker

1. Den Backofen auf 130 °C (Ober-/Unterhitze) vorheizen und zwei Backbleche mit Backpapier auslegen.
2. Die Erdbeeren waschen, das Grün abzupfen und etwa 100 g Erdbeeren pürieren. 3. Die Eiweiße mit
dem Salz steif schlagen, bis die Masse Spitzen bildet. Vorsichtig die Hälfte des Zuckers einrieseln lassen.
Den restlichen Zucker mit der Stärke mischen und unter den Eischnee ziehen. Dann am besten mit dem
Stiel eines Holzlöffels etwa zwei Drittel des Erdbeerpürees einrühren, bis ein schöner Marmoreffekt
entsteht. 4. Die Baisermasse idealerweise in einen Spritzbeutel füllen und kleine Rosetten auf das
Backblech spritzen. Zur Not kann man auch mit zwei Löffeln kleine Häufchen auf die Backbleche setzen
und mit einem Löffel leicht eindrücken, so dass Mulden entstehen. Das restliche Erdbeerpüree mit einem
kleinen Löffel als Kringel auf die Baisers streichen. 5. Die Bleche in den Ofen schieben und etwa vier
Stunden auf der mittleren und untersten Schiene backen bzw. trocknen lassen. Dabei die Backofentür
mit einem Holzlöffel einen Spalt offen halten. Dann den Ofen ausschalten, die Ofentür schließen und die
Baisers so lange im Ofen lassen, bis dieser abgekühlt ist. 6. Die restlichen Erdbeeren klein schneiden.
Die Mandeln ohne Fett in einer Pfanne anrösten, bis sie duften und leicht braun werden. Anschließend
auf einem Teller abkühlen lassen. 7. Die Sahne mit dem Vanillezucker steif schlagen und auf die Erdbeerschäumchen verteilen, kleine Erdbeerhäufchen daraufsetzen und mit den Mandeln bestreuen.
Fertig zum Genießen!

→ »So weit ich zurückdenken kann, gab es, sobald die ersten heimischen Erdbeeren auf den Markt kamen, diese superleckere Kombination von Baiers und Erdbeeren bei meiner Mutter. Das gehört für mich einfach zum Frühling dazu! Dabei würde das Rezept von der Herstellung gut in den Winter passen, denn der Backofen hält die Küche schön warm. Ich muss gestehen, dass ich nach zwei, drei Stunden den Ofen immer wieder ausstelle und dann aber doch wieder anmache, damit ja nichts schief geht. Ich setze auf das Backblech in die Zwischenräume der Rosetten übrigens noch ein paar ganz kleine Baisertupfen. Direkt aus dem Ofen in den Mund schmecken sie köstlich – und verpackt in kleine Schächtelchen sind sie eine süße Mitgabe für den Heimweg der Kaffeeklatschfreundinnen. Luftdicht verpackt halten die Baisers länger, sonst werden sie schnell weich. Dann eignen sie sich aber immer noch hervorragend als Nachtisch, zerkrümelt, mit Vanilleeis und Früchten und einem Schuss Eierlikör darüber.«

KLEIN, FEIN UND SÜSS

Zutaten: 6 Eier / 300 g Zucker / 2 Prisen Salz / 150 g Mehl / 150 g Speisestärke / 2 TL Backpulver / abgeriebene Schale von einer Zitrone / 250 g Schlagsahne / 400 g Zartbitter-Kuvertüre oder möglichst herbe Schokolade / 8 EL Kirschwasser / 750 g Erdbeeren / 500 g gelbe, nicht so süße Marmelade / 500 g Puderzucker / ca. 8 EL Zitronensaft

1. Den Backofen auf 200 °C (Ober-/Unterhitze) vorheizen und ein tiefes Backblech mit Backpapier belegen (nur den Boden). 2. Die Eigelbe mit dem Zucker und 6 EL warmem Wasser zu einer schaumigen Creme aufschlagen. 3. Die Eiweiße mit dem Salz und 4 EL kaltem Wasser steif schlagen. 4. Nun den Eischnee auf die Eigelbcreme häufen. Das Mehl vermischt mit der Speisestärke und dem Backpulver darübersieben. Die Zitronenschale zufügen und alles kurz und gleichmäßig verrühren. 5. Den Teig auf das Backblech streichen und etwa 35 Minuten auf der unteren Schiene goldbraun backen. 6. Den Boden aus der Form stürzen, das Backpapier abziehen und den Boden möglichst über Nacht auf einem Kuchengitter (falls das zu klein ist, geht zum Beispiel auch ein Grillrost) auskühlen lassen. Dann zweimal quer durchschneiden. 7. Die Sahne erhitzen und die klein geschnittene Schokolade in der heißen Sahne auflösen. Den Alkohol unterrühren und die Flüssigkeit im Kühlschrank erkalten lassen. Sobald die Creme anfängt fester zu werden, mit dem Mixer kurz aufschlagen und den untersten Boden damit bestreichen. 8. Die Erdbeeren waschen, das Grün abzupfen und die Beeren pürieren. Den zweiten Boden auflegen

und mit dem Erdbeermus bestreichen, dann den letzten Boden darauflegen und etwas andrücken. Nun den Boden in kleine Vierecke (natürlich gehen auch Dreiecke) schneiden. 9. Die gelbe Marmelade mit ca. 4 EL Wasser einmal aufkochen, kurz köcheln lassen und sofort die Petits fours damit bestreichen. Gut antrocknen lassen. 10. Den Puderzucker gerade mit so viel Zitronensaft glatt rühren, dass ein dickflüssiger Guss entsteht und die Minitörtchen damit überziehen. Frisch gepflückte essbare Blüten machen sie einzigartig!

→ »Wer auf süße Sachen steht, ist hier goldrichtig! Ich gebe zu, das Bestreichen der kleinen Dinger ist eine ziemlich langwierige und klebrige Angelegenheit! Nur nicht aus der Ruhe bringen lassen und dafür ein bisschen mehr Zeit einplanen. Der Aufwand lohnt sich – sie schmecken verboten süß und sehen zum Anbeißen gut aus! Natürlich kann man auch einfach die Hälfte aller Zutaten nehmen und den Teig in einer Kuchenform backen – das halbiert den Aufwand.«

Von langer Hand geplant Die süßen kleinen Türmchen schmecken nicht nur toll, sie halten auch noch ein paar Tage – am besten im Kühlschrank aufbewahren oder gleich portionsweise einfrieren! Deswegen backe ich immer gleich ein ganzes Blech!

Erste Hilfe Nicht verzweifeln, wenn sich der Boden nicht gleichmäßig zweimal durchschneiden lässt! Stückwerk fällt überhaupt nicht auf. Ich schneide ihn meistens von vornherein portionsweise! Und wenn es einmal etwas schneller gehen soll, lässt sich auch der komplette Boden mit der hellen Marmelade bestreichen und anschließend erst klein schneiden. Die Ränder werden dann nicht ganz so ordentlich und müssen eventuell noch etwas gerade geschnitten und mit etwas mehr Puderzucker bestrichen werden.

BLÜTENFEST MIT FLIEDERDUFT

Gut, und dann gibt es da noch die Vögel. Es zwitschert, trällert und zirpt draußen – und das bereits ab morgens fünf Uhr. Mit keiner anderen Jahreszeit assoziiert man mehr das Gefühl des Neuanfangs – gerne auch in aller Herrgottsfrühe – als mit dem Frühling. Die Natur lebt es vor: Frische Blüten und Gräser statt trockener Zweige und verfrorener Böden. Wärmende Sonnenstrahlen statt eisiger Regen oder gar Schnee, längere Tage statt langer Nächte. Jetzt ist die Lust auf Natur so groß wie nie, und es wandern Blätter und Blüten in den Kochtopf und auf den Zuckerguss, die es sonst bis maximal in die Vase schaffen. Um die Freundinnen schon einmal auf das Blütenfest einzustimmen, gibt es ein herrlich altmodisches Tortendeckchen mit getrockneten Blüten darauf: Herzliche Einladung zum Frühlingsplausch auf der Terrasse! Schließlich ist es immer noch die einfachste Methode, um Blüten und Blätter haltbar zu machen, sie direkt nach dem Sammeln in den nicht mehr ganz aktuellen Duden zu legen und mit den gesammelten Werken von Goethe zu beschweren. Und die Kinder sind auch alle sinnvoll beschäftigt: Erst rupfen sie die Blüten der frisch gepflanzten Bellis aus den Kästen, um sie dann in den verschiedensten Büchern zu pressen, in denen wir sie erst im Laufe des Jahres zufällig wiederentdecken werden. Ist der Duden eine zeitgemäße Ausgabe, empfiehlt es sich, die Blüten zwischen Löschpapier zu legen, so kleben sie nicht fest. Auch für ca. zehn Tage in eine Dose mit Waschpulver gebettet und mit einer weiteren Schicht Pulver bedeckt, lassen sich Blüten konservieren. Die leckerste Methode jedoch ist zweifelsfrei die gezuckerte. Dazu werden zum Beispiel die Blüten von Phlox, Stiefmütterchen, Rosen, Rosmarin, Lavendel und natürlich Veilchen in aufgeschlagenes Eiweiß getaucht und ringsum dick mit Zucker bestreut. Anschließend werden sie

auf einem mit Backpapier ausgelegten Backblech im vorgeheizten Ofen bei etwa 50 °C getrocknet. Dabei die Backofentür einen Spalt breit offen lassen, damit die Feuchtigkeit entweichen kann. In einer luftdichten Dose halten die kandierten Blüten bis zu einem Jahr. Für die schnelle Variante habe ich Gänseblümchen kurz unter fließendem Wasser abgespült und in reichlich Zucker gewendet bzw. darin bis zum Dekorieren von Blütenkeksen liegen gelassen. Essbar sind grundsätzlich die Blüten von allen nicht giftigen Pflanzen, die nicht behandelt sind. Die Blüten schmecken wie das Kraut, sind aber feiner im Geschmack – sie können aber durchaus auch mal bitter, scharf (Schnittlauchblüte) oder leicht pfeffrig (Taglilienblüte) sein.

Jetzt gilt es die Tafel draußen zu decken, wann immer es das Wetter erlaubt. Also ist nun Schluss mit aufwendigen Torten oder langwierigen Kuchen. Schnell und unkompliziert muss der Tisch gedeckt und die Küchlein gebacken werden können. Die unterschiedlichen Gedecke vom Flohmarkt sind eigentlich schon Tischschmuck genug. Dazu kommen gezuckerte Blüten auf Plätzchen und Törtchen. Gebackene Hippen in Blütenform liegen als Dekoration und natürlich zum Genießen direkt auf dem Tisch. Meine sämtlichen Glasvasen habe ich umgedreht, Flieder daruntergelegt und die Törtchen daraufgestellt. Kleine Erdbeerpflanzen haben es bis auf den Tisch und hoch auf die Etagere geschafft. Auch wenn die Dichter und Denker von Shakespeare bis Goethe und selbst so harte Kerle wie Napoleon Bonaparte von dem Duft der Veilchen schwärmten – ich locke meine Freundinnen mit dem betörenden Aroma von Flieder. Ein Sorbet vom Flieder aus dem eigenen Garten – intensiver kann der Frühling kaum schmecken!

FLIEDERSORBET MIT KARAMELLSTANGEN

Zutaten: etwa 7 große Dolden voll aufgeblühter Flieder / 2 Bio-Zitronen / 250 ml Weißwein / 200 g Zucker / 1 Blatt gelöste Gelatine

1. Den Flieder etwas sauber schütteln und am besten einige Zeit auf Küchentüchern liegen lassen, damit eventuell kleine Tiere entfleuchen können. 2. Die Zitronen schälen, ohne abzusetzen, und den Saft auspressen. 3. 250 ml Wasser mit dem Wein, 150 g Zucker, der Zitronenschale und dem Saft aufkochen und abkühlen lassen. Dann 6 Fliederblüten hineinlegen und an einem sonnigen Platz offen ein bis zwei Tage durchziehen lassen. 4. Den Sud durch ein feines Sieb gießen; etwas davon erwärmen, die gelöste Gelatine darin auflösen und unter den restlichen Sud mischen. 5. Den Fliederwein in eine flache Schüssel gießen und für ca. 4 Stunden ins Gefrierfach stellen, dabei alle 20 bis 40 Minuten mit einem Schneebesen kräftig durchrühren. 6. Für das Fliederkaramell ein Backblech mit Backpapier belegen. Von der letzten Fliederdolde die Blüten einzeln abzupfen. Den restlichen Zucker bei geringer Hitze in einer Pfanne schmelzen und leicht karamellisieren lassen und dann am besten mit einem Löffel Streifen auf das Backblech malen. Die Fliederblüten sofort daraufstreuen und alles erstarren lassen. 7. Das Sorbet auf kleine Gläschen verteilen und mit den Karamellstangen dekorieren. Jetzt genießen!

→ »Einfach die Augen schließen, das Sorbet auf der Zunge zergehen lassen und den Frühling schmecken. Der Flieder lässt sich auch durch Holunderblüten ersetzen – ist aber außergewöhnlicher und riecht traumhaft!«

Erste Hilfe Beim Karamell habe ich mir erst einmal zwei Brandblasen geholt – also Vorsicht! Wenn die Karamellstreifen schon fest sind und die Fliederblüten nicht mehr halten wollen, einfach trotzdem auf das Karamell setzen und erneut mit etwas Karamell übergießen, so dass die Blüten halten.

Von langer Hand geplant Eigentlich sollte man die ganze Fliederblütezeit etwas Sorbet im Gefrierschrank haben – es eignet sich wunderbar als Begrüßungscocktail oder zwischen zwei Essensgängen. Es hält sich mehrere Tage (mehrere Wochen habe ich noch nicht ausprobiert, dafür ist es wirklich zu lecker!) im Gefrierschrank.

FRÜHLINGSBLÜTEN

Zutaten: 100 g weiche Butter / 2 TL gemahlene Kurkuma / 50 g
Puderzucker / 3 Eiweiß / 1 Prise Salz / 50 g Zucker / 100 g Mehl /
150 g Schlagsahne / 300 g Schokolade (Zartbitter und Vollmilch) / Puderzucker zum Bestäuben

1. Den Backofen auf 180 °C (Ober-/Unterhitze) vorheizen und das Backblech mit Backpapier belegen.
Die Butter mit der Kurkuma und dem Puderzucker schaumig rühren. 2. Die Eiweiße mit dem Salz und
1–2 Esslöffeln kaltem Wasser zu steifem Schnee schlagen; dann langsam den Zucker einrieseln lassen.
3. Nun den Eischnee auf die Buttermasse häufen, das Mehl darübersieben und alles kurz und gut verrühren. 4. Die Masse in Blütenform nicht zu dünn auf das Backblech streichen und etwa 6 Minuten auf
der mittleren Schiene backen. 5. Die Blüten sofort vom Backpapier lösen und vorsichtig in kleine Tassen
oder Schälchen drücken, so dass sich die Blütenblätter nach oben biegen. 6. Die Sahne erhitzen und die
klein gebrochene oder geschnittene Schokolade unterrühren, bis sie vollständig geschmolzen ist. Am
besten im Kühlschrank erkalten lassen. 7. Die Schokosahne mit dem Mixer kurz aufschlagen und einen
Tupfer in jede Blüte geben. Puderzucker darüberrieseln lassen – fertig!

→ »Die Hippenblüten schmecken am besten ganz
frisch. Sie sehen toll als Tischschmuck aus und
können zwischendurch vernascht werden. Um eine
Blütenform hinzubekommen, schneidet man einfach aus
einem Stück festen Karton (je dicker desto besser)
eine Blüte aus und nutzt die Umrandung als Schablone,
in die sich dann der Teig bequem streichen lässt.«

Von langer Hand geplant Die Schokosahne lässt
sich gut ein bis zwei Tage vorher zubereiten
und im Kühlschrank aufbewahren. Sie muss dann
nur noch aufgeschlagen werden. Toll sehen auch
unterschiedliche Kleckse mit dunkler und weißer
Schokolade aus.

RHABARBER-TÖRTCHEN

Zutaten: 200 g Mehl / 1 Prise Salz / 275 g Zucker / 1 Ei / 125 g kalte
Butter / 1 Vanilleschote / 250 g Frischkäse / 500 g geputzter
Rhabarber / 1 Zimtstange / Butter zum Fetten der Förmchen

1. Das Mehl auf die Arbeitsfläche sieben und eine Vertiefung hineindrücken. Das Salz, 75 g Zucker, das Ei und die Butter in kleinen Stücken in die Mitte geben. Alles zuerst mit einem großen Messer gut durchhacken und dann zu einem festen Teig verkneten. Die Teigkugel in Frischhaltefolie gewickelt gut eine Stunde im Kühlschrank ruhen lassen. 2. Jetzt ist Zeit, die Vanilleschote der Länge nach aufzuschlitzen und das Mark am besten mit einer stumpfen Messerspitze auszukratzen. Das Vanillemark mit etwa 25 g (4 TL) Zucker in den Frischkäse geben, diesen glatt rühren und ebenfalls kalt stellen. 3. Den geputzten Rhabarber in ca. 4 cm lange Stücke schneiden. Den restlichen Zucker (175 g) in 0,1 l Wasser langsam erwärmen. Wenn sich der Zucker aufgelöst hat, den Rhabarber und die Zimtstange zufügen und alles ca. 5 Minuten bei geschlossenem Deckel köcheln lassen. Anschließend abkühlen und abtropfen lassen – den Saft dabei auffangen. 4. Den Backofen auf 180 °C (Ober-/Unterhitze) vorheizen und die Tortelettförmchen gut einfetten. 5. Jetzt den Plätzchenteig in 6 Portionen teilen und auf einer bemehlten Fläche ca. 0,5 cm dick ausrollen. Die Förmchen damit auslegen – den Rand dabei nicht vergessen! Auf der mittleren Schiene ca. 15 Minuten backen; danach auskühlen lassen. 6. Die Torteletts aus den Formen lösen und auf jede einen Klacks Creme häufen und etwas verstreichen. Dann mit Rhabarber belegen und etwas vom aufgefangenen Saft darüberträufeln. Schon fertig!

→ »Das Beste an diesen Rhabarber-Törtchen ist eigentlich das Törtchen selbst. Das ist nämlich kein üblicher Tortelettteig, sondern ein krosser Plätzchenteig, der super zu der Creme und dem Rhabarber schmeckt! Natürlich lässt sich der Belag abwandeln mit Erdbeeren, Himbeeren, Brombeeren und so fort. Statt Frischkäse eignet sich auch sehr gut Mascarpone, doch die Light-Variante gefällt meinen Freundinnen im Frühling immer besser … Und wenn einmal gar keine Zeit bleibt, könnte man auch fertige Torteletts nehmen. Ich habe für meinen Frühlingsklatsch gleich etwas mehr Teig zubereitet und daraus noch ein paar Plätzchen gebacken. Mit Zuckerguss sowie Veilchen- und Gänseblumen-Blüten dekoriert, schmecken sie nicht nur lecker, sondern sehen auch toll als Tischdeko aus.«

Von langer Hand geplant Die Törtchen lassen sich frisch gebacken und abgekühlt super stapeln und einfrieren! Am Kränzchentag einfach morgens aus dem Gefrierschrank nehmen, bestreichen und belegen.

ZITRONENMUFFINS

Zutaten: 80 g Frischkäse / 130 g Puderzucker / 110 ml Orangenlimonade / Butter und Mehl zum Fetten und Ausstäuben der
Form / 250 g Mehl / 2 TL Backpulver / ½ TL Natron / 1 Prise Salz /
75 g Butter / 1 Ei / 75 g Zucker / 1 Pk. Vanillezucker / Saft und
Schale einer Zitrone / 100 g saure Sahne

1. Den Frischkäse mit 2 EL Puderzucker und 1 EL Orangenlimonade glatt rühren. 2. Den Backofen auf
180 °C (Ober-/Unterhitze) vorheizen und die Vertiefungen der Muffinform einfetten und anschließend
mit Mehl ausstäuben. 3. Jetzt das Mehl mit dem Backpulver, dem Natron und dem Salz in einer Schüssel
vermischen. Die Butter bei schwacher Hitze zerlassen. 4. Das Ei trennen und das Eiweiß steif schlagen.
Anschließend das Eigelb mit dem Zucker, dem Vanillezucker, der Butter, der Hälfte der geriebenen
Zitronenschale, der restlichen Limonade und der sauren Sahne vorsichtig unter den Eischnee heben.
5. Die Eimasse zur Mehlmischung geben und ganz kurz und vorsichtig mit dem Schneebesen verrühren.
Jetzt etwa ein Drittel des Teigs in die Muffinförmchen füllen und jeweils 1 TL Frischkäsefüllung darauf-
setzen. Dann den restlichen Teig darauf verteilen. 6. Nun hinein in den Ofen und auf der mittleren
Schiene etwa eine halbe Stunde backen. Die Form aus dem Backofen nehmen und 5 Minuten ruhen
lassen. Nun die Muffins aus den Vertiefungen lösen und abkühlen lassen. 7. Den restlichen Puderzucker
mit dem Zitronensaft verrühren. Die Muffins mit der Glasur bestreichen und mit der geriebenen
Zitronenschale bestreuen. Schon fertig!

→ »Natürlich könnte man sich auch das Fetten und
Ausstäuben der Muffinform sparen und Papierförmchen
verwenden. Mir gefällt nur die Variante besser, die
fertigen Muffins mit kleinen Papiertortendeckchen
zu umwickeln und mit dünnen, verschiedenfarbigen
Satinbändchen zu verknoten. So sehen die Muffins
etwas erwachsener aus – obwohl meine Kinder
deswegen auch nicht mehr Respekt davor haben. Bitte
unbedingt das nächste Mal ausprobieren, bevor der
Griff zur Backmischung geht – es lohnt sich! «

KLEINER ONKEL – ROSA TANTE

Zutaten: 3 Eier / 150 g Zucker / 1 Prise Salz / 75 g Mehl / 75 g Speisestärke / 1 TL Backpulver / abgeriebene Schale von einer halben Zitrone / 1–2 EL Rum / 250 g Quark / 100 g Puderzucker / 250 ml Sahne / 1 Pk. Vanillezucker / 3 Blatt gelöste Gelatine / 25 g gemahlener Mohn / 150 g Himbeeren / je 50 g weiße und dunkle Schokolade

1. Den Backofen auf 200 °C (Ober-/Unterhitze) vorheizen und eine Backform mit Backpapier belegen.
2. Die Eigelbe mit dem Zucker und 3 EL warmem Wasser zu einer schaumigen Creme aufschlagen.
3. Die Eiweiße mit dem Salz und 3 EL kaltem Wasser steif schlagen. 4. Nun den Eischnee auf die Eigelbcreme häufen, das Mehl, vermischt mit der Speisestärke und dem Backpulver, darübersieben, die Zitronenschale zufügen und alles kurz und gleichmäßig verrühren. 5. Den Teig in der Backform glatt streichen und etwa 35 Minuten auf der unteren Schiene goldbraun backen. Den Boden aus der Form stürzen, das Backpapier abziehen und den Boden auf einem Kuchengitter auskühlen lassen.
6. Dann den Biskuitteig mit den Händen oder im Mixer fein zerkrümeln und mit dem Rum befeuchten.
7. Den Quark mit dem Puderzucker verrühren und die Sahne mit dem Vanillezucker steif schlagen. Die nach Packungsanleitung gelöste Gelatine in den Quark rühren, die Sahne unterheben. Den Quark auf zwei Schüsseln verteilen. 8. Für den kleinen Onkel (die Mohntörtchen) den Mohn mit heißem Wasser übergießen und 5 Minuten quellen lassen. Dann das Wasser vorsichtig abgießen und den abgetropften Mohn unter die eine Hälfte der Quarkmasse rühren. 9. Für die Rosa Tante (Himbeertörtchen) die Himbeeren pürieren und in die andere Quarkhälfte rühren. 10. Nun Espresso- oder kleine Kaffeetassen

kurz kalt ausspülen und mit dem Mohn- oder Himbeerquark füllen. Aus dem Biskuitteig kleine Bällchen formen, zu Plätzchen ungefähr in Tassengröße flach drücken und als Deckel auf die Quarkmasse legen. Dann kommen die Tassen für mindestens eine Stunde ins Gefrierfach. 11. Die Schokolade getrennt hobeln. Anschließend die Tässchen stürzen und den Kleinen Onkel mit der dunklen und die Rosa Tante mit der hellen Schokolade bestreuen.

→ »Kleiner Onkel und Rosa Tante schmecken wunderbar erfrischend – auch als Nachtisch – und sind ein kleiner Vorgeschmack auf die kommende Eis-Saison! Inspiriert von einem meiner Lieblingsbücher als Kind – ›Pippi Langstrumpf‹ – bekamen diese Kreationen ihre Namen: Pippis Pferd war ein Schimmel mit ganz vielen schwarzen Punkten und hieß Kleiner Onkel. Da liegt die Rosa Tante ja auf der Hand …«

Von langer Hand geplant Natürlich hält sich diese Verwandtschaft über mehrere Tage im Gefrierschrank.

Erste Hilfe Es ist nicht schlimm, wenn sich der Boden nicht als passend großes Plätzchen formen lässt. Ausbessern merkt anschließend keiner mehr und tut dem Geschmack überhaupt keinen Abbruch! Wenn das Stürzen nicht auf Anhieb klappen will, die Förmchen kurz antauen lassen und hierzu den Kleinen Onkel und die Rosa Tante einfach in die Sonne stellen oder ihnen kurz ein warmes Fußbad gönnen. Dann mit einem Messer einmal am Rand entlangfahren, damit sie sich besser lösen.

SCHARFE FRÜHLINGSKARTOFFELN

Zutaten: 2 kleine Chilischoten / 150 ml Olivenöl / 1 TL Rosen-paprika / 750 g sehr kleine Frühlingskartoffeln / Öl zum An-braten / viele kurze Holzspieße

1. Die Chilis waschen, halbieren und die Kerne entfernen. Die Schoten mit 150 ml Öl in einen Topf geben und erhitzen, bis die Chilis beginnen zu zischen. 2. Den Topf vom Herd nehmen und das Paprikapulver unterrühren. Dann das Chiliöl abkühlen lassen. 3. Die Kartoffeln sehr gründlich waschen bzw. sauber bürsten und abtropfen lassen (eventuell noch abtrocknen). In etwas Öl rundherum anbraten, bis sie schön braun und ganz durch sind. 4. Die Kartoffeln in eine Schüssel geben und mit dem Chiliöl beträufeln. Auf Spießen servieren. Fertig!

→ »Wunderbares Fingerfood vor allem von den ersten kleinen Kartoffeln der Saison, deren hauchdünne Schale in Öl kross angebraten superlecker schmeckt! Die Kartoffeln eignen sich sowohl für einen ent-spannten TV-Abend als auch wunderbar zum Grillen – dazu einfach eine leckere Mayonnaise reichen.«

SPARGELSPITZEN

Zutaten: je 12 weiße und grüne Spargelspitzen / 24 Holzspieße / 100 ml Milch / 3 Blatt gelöste Gelatine / 200 g Frischkäse (Doppelrahm) / Salz / Pfeffer / 1 Bund Schnittlauch / 50 g Parmesan

1. Den Spargel in kochendem Salzwasser etwa 6 bis maximal 8 Minuten garen und abgießen. Die Spargelspitzen halbieren und in die Hälfte mit Spitze einen Holzspieß stecken. 2. Die Milch erwärmen und die gelöste Gelatine darin auflösen. Den Frischkäse hinzufügen und alles glatt rühren. Die Käsecreme kräftig mit Salz und Pfeffer abschmecken. 3. Den Schnittlauch waschen, abtropfen lassen und in kleine Röllchen schneiden. 4. Den Parmesan reiben. 5. Jetzt die Spargelspitzen in die Frischkäsecreme tauchen, eventuell etwas abtropfen lassen und den weißen Spargel im Schnittlauch und den grünen in dem Parmesan wälzen. Schon fertig!

→ »Diese Spitzen sind ein echter Geheimtipp für laue Frühlingsabende oder wie bei mir als herzhafter Abschluss eines launigen Kaffeeklatsches. Sie sind superschnell hergestellt, lassen sich ideal aus der Hand essen und schmecken kalt mindestens genauso lecker wie warm. Den Spargel nicht zu lange kochen, er darf ruhig noch etwas Biss haben – dann hält er besser auf den Holzspießen. Die übrigen Stangen werden bei uns gerne klein geschnitten mit viel Knoblauch in Öl angebraten, mit Schmand und etwas Weißwein abgelöscht und zu Spaghetti gegessen.«

SOMMERLUST

DIE SONNE SCHEINT UND ALLES GEHT

→ Unser Garten, also unsere Wildnis, führt mehr oder weniger ein autarkes Leben. Er braucht uns nicht wirklich, akzeptiert uns aber als fröhliche, ausgelassene Schar, die immer mal wieder bestimmten Pflanzen einen Rückschnitt verpasst und in gewissen Abständen aus der hohen Wiese eine etwas kürzere Wiese macht. Und im Sommer ist es dann so weit: Unser Außenwohn- und Esszimmer ist eröffnet. Die Holzliegen haben es endlich bis auf den Rasen unter die Rosenbüsche geschafft, die vielen bunten Kissen sind bezogen und auf allen Stühlen und Bänken verteilt, die Picknickdecke (unser Außenlaufstall für den Kleinsten) wandert stündlich dem Schatten hinterher, der Sandkasten ist eröffnet und hat mehr Sand als Regenpfützen, der Grill ist im Dauereinsatz und die Gartenschere liegt immer griffbereit auf der Terrasse. Der Sommer ist da. Natürlich gibt es auch Regentage und die immer wiederkehrende Frage: Hält das Wetter heute? Kann die Party wirklich draußen stattfinden? Im anderen Fall müssen wir schon nicht gießen …

Doch dann scheint sie wieder und alles geht. Der perfekte Platz im Sommer kann überall sein, wo es sonnig ist. Am Ufer eines Sees, im Schatten unter großen Bäumen oder eben im eigenen Garten. Und wenn wir ihn gemeinsam mit Freunden genießen, wird aus dem schönen Platz ein glücklicher Nachmittag, entspannter Vormittag, lauschiger Abend – kurz: ein perfekter Sommertag. Was zählt, ist die entspannte Atmosphäre und die Nähe zur Natur. Die Rosenbowle vereint beides: Hier kann man den Garten riechen und schmecken! Da kommt die Entspannung mit dem ersten Schluck. Und weil dann keiner mehr Lust hat, ins Haus zu gehen, gibt es das Essen einfach draußen. Statt eines Steaks vom Grill ist es heute ein Brot gefüllt mit allem, was man sich auf einem guten Sandwich wünschen würde, wofür man aber mindestens drei essen müsste, um alles zu bekommen: Salami, Tomaten, Schinken, Avocado, Mozzarella, Rucola und vieles mehr. Auch eine leckere Alternative oder Vorspeise zur Grillwurst sind Polenta-Plätzchen, zumal man die auch kalt essen kann und sie sich gut vorbereiten lassen. Da ich auch im Sommer nicht auf Schokolade verzichten kann, habe ich sie zum Nachtisch als harmlosen Kuchen getarnt und ganz gesunde Kirschen daneben gestellt. Apropos Kuchen: Beim letzten Bummel über den Flohmarkt habe ich in einer Kiste schönes Silberbesteck entdeckt. Nichts Wertvolles, einfach schöne Einzelteile. Wie wäre es, wenn ich eine Kuchengabel und einen Dessertlöffel zusammenbinde, ein kleines Kärtchen daran hänge und endlich meine Freundinnen zum entspannten Sommer-Picknick-Klatsch in den Garten einlade?

ROSENBOWLE

Zutaten: 2 Hand voll duftende Rosenblütenblätter von ungespritzten Rosen / 150 g Zucker / 1 Vanilleschote / ½ Zimtstange / Saft und Schale von 3 Bio-Orangen / 6 cl Cassis-Likör / 1 l Weißwein / ½ l kaltes Mineralwasser / 1 Flasche gut gekühlter Prosecco oder Sekt

1. Die Blütenblätter in eine flache Schale oder Schüssel legen. Den Zucker, die Vanilleschote und die Zimtstange zufügen. Die Orangen in langen Streifen schälen und den Saft auspressen – beides zusammen mit dem Likör in die Schale geben. 2. Den Wein leicht erwärmen und ebenfalls zufügen. Diese Mischung mindestens 6 Stunden ziehen lassen. 3. Alles durch ein feines Sieb gießen und in die Bowleschale füllen. 4. Vor dem Servieren mit dem kalten Mineralwasser und dem gekühlten Prosecco oder Sekt aufgießen und mit frischen Rosenblüten dekorieren. Stößchen!

→ »Diese Bowle ist ein Sommertraum! Bei meinem Sommerklatsch geriet der Kuchen fast in Vergessenheit und beim abendlichen Grillen war das Würstchen nur noch zweite Wahl. In dieser Bowle haben unsere Duftrosen ihre eigentliche Bestimmung gefunden. Sehr schön sehen dazu Blüteneiswürfel in jedem Bowleglas aus. Dafür einfach in jedes Eiswürfelkästchen ein kleines Rosenblütenblatt legen, mit Mineralwasser auffüllen und gefrieren lassen.«

Von langer Hand geplant Die Bowle lässt sich gut am Abend vorher zubereiten. Die Mischung einfach nach 6–8 Stunden durchsieben und über Nacht in den Kühlschrank stellen (zum Beispiel abgefüllt in eine leere Mineralwasserflasche). Am nächsten Tag dann vor dem Servieren mit Wasser, Prosecco und Blüten auffüllen.

PICKNICK-BROT

Zutaten: 1 Weißbrot / ca. 4 EL Pesto / 125 g Mozzarella /
Salz / Pfeffer / 6 Scheiben roher Schinken / ca. 10 Scheiben
einer Salatgurke / 6 große oder mehrere kleine Scheiben
Salami / 1 Avocado / ½ kleine Zitrone / ca. 12 Cocktailtomaten /
1 Hand voll Rucola-Blätter / 6 Scheiben Bergkäse

1. Vom Brot einen dicken Deckel abschneiden und diesen aushöhlen. Die Innenseiten und das Innere des Deckels großzügig mit Pesto bestreichen. 2. Jetzt das Brot nach Lust und Laune schichtweise belegen: mit Mozzarella-Scheiben (salzen und pfeffern) und Schinken, mit Gurkenscheiben und Salami, mit Avocadoscheiben (mit Zitronensaft beträufelt) und Tomaten, mit Rucola und Käse. Immer wieder etwas festdrücken und zum Schluss den Deckel auflegen. Mit einem Band fest verschnüren und etwa 2 Stunden durchziehen lassen. Fertig!

→ »Dieses Brot ist das Highlight jedes Picknicks! Es lässt sich mit dem Band super transportieren und sieht dabei richtig gut aus! Meine Mädels beim Sommerkaffeeklatsch konnten das Anschneiden kaum erwarten. Natürlich sind der Fantasie beim Befüllen keine Grenzen gesetzt. Am Tag meines Kaffeekränzchens kam zufällig ein Päckchen meiner Eltern, unter anderem gefüllt mit leckerem westfälischen Schinken – den habe ich gleich angeschnitten und mit ins Brot geschichtet.«

POLENTA-PLÄTZCHEN

Zutaten: ½ l Wasser / Salz / 150 g Polenta-Grieß / 6 EL geriebener Parmesankäse / Pfeffer / etwa 10 rosa Pfefferkörner / ca. 100 ml Olivenöl / 12 Scheiben roher Schinken / ca. 12 Streifen einge-legte Paprika / 12 schwarze Oliven

1. Das Wasser leicht salzen und in einem großen Topf zum Kochen bringen. Die Hitze reduzieren und den Polenta-Grieß einstreuen, dabei ständig mit einem Holzlöffel umrühren. 2. Nach etwa 8 Minuten den Parmesan in den Topf geben, die Masse gut pfeffern, etwas salzen und etwa 5 Minuten weiterrühren. 3. Die Masse in eine rechteckige Auflaufform füllen, glatt streichen und ca. eine Stunde kühl stellen. 4. In der Zwischenzeit den rosa Pfeffer mit dem Mörser zerstoßen. 5. Das Olivenöl in einer Pfanne erhitzen und aus der Polentamasse Plätzchen ausstechen. Die Plätzchen zusammen mit dem rohen Schinken von beiden Seiten anbraten. 6. Jedes Plätzchen mit einer Scheibe angebratenem Schinken belegen, mit einem Streifen Paprika und einer Olive dekorieren und mit dem rosa Pfeffer würzen. Fertig!

→ »Die Plätzchen schmecken kalt und warm und sind eine tolle Vorspeise, wenn der Grill noch nicht heiß ist. Oder sie sind ein leckerer, herzhafter Abschluss nach süßen Torten. Ideal sind kleinere Plätzchen, die man direkt in den Mund stecken kann.«

Von langer Hand geplant Die Polentamasse kann man gut schon am Tag vorher zubereiten und über Nacht im Kühlschrank stehen lassen, bevor man die Plätzchen aussticht und anbrät.

SÜSSE SCHOKOLADEN-SÜNDE

Zutaten: 320 g feinste Zartbitterkuvertüre oder -schokolade / 160 g Süßrahmbutter / 160 g Zucker / ½ Fläschchen Bittermandelaroma / 5 Eier / 50 g gemahlene Mandeln / Puderzucker zum Bestäuben / Vanilleeis / Süßkirschen

1. Die Kuvertüre (oder Schokolade) grob hacken, mit der Butter und dem Zucker unter vorsichtigem Rühren im heißen Wasserbad schmelzen lassen. Das Mandelaroma zugeben und die Schokomasse abkühlen lassen. 2. Die Eier trennen und das Eiweiß steif schlagen. 3. Den Backofen auf 180 °C (Ober-/Unterhitze) vorheizen und den Boden einer Springform mit Backpapier auslegen. 4. Die Eigelbe einzeln nach und nach unter die Schokoladenmasse schlagen. 5. Dann etwa ein Drittel des Eischnees unter die Schokocreme ziehen, so dass die Masse geschmeidig wird. Den Rest zusammen mit den Mandeln unterheben. 6. Den Teig in die Form geben und ca. 45 Minuten auf der mittleren Schiene backen. Der Kuchen ist fertig, wenn sich der Rand etwas von der Form löst. Ihn dann mindestens eine Viertelstunde abkühlen lassen und anschließend aus der Form lösen. 7. Den Schokokuchen mit Puderzucker bestäuben und mit Vanilleeis und Kirschen servieren. Einfach genießen!

→ »Etwas Schokolade brauche ich immer – auch mitten im Sommer! Hier ist sie getarnt in diesem auf den ersten Blick so harmlosen Kuchen. Er schmeckt sagenhaft gut, und da man unmöglich nur ein Stück davon essen kann, ist er eine Sünde für jede Bikini-Figur! Der Kuchen geht superschnell und schmeckt auch als Nachtisch nach einem leckeren Abendessen. Es müssen auch nicht immer Kirschen sein, andere Früchte mit Sahne oder Mascarponecreme schmecken auch sehr gut.«

Von langer Hand geplant Der Kuchen lässt sich sehr gut einfrieren. Ist aber fast nicht nötig: Übrig bleibt bestimmt nichts und frisch backen kann man ihn sehr schnell!

KALTER KAFFEE UNTER FREIEM HIMMEL

Also jetzt runter auf den Rasen, zum Sitzen, Liegen, Spielen und gerade auch zum Essen. Mit oder ohne Klappstühle, mit oder ohne Decken. Wichtig ist nur: Schuhe aus und das bequeme Sommerkleidchen angezogen. Zur Einstimmung gibt es einen Milchkaffee on the rocks. Dafür werden einfach ein Liter Milch mit etwa 3 EL Zucker und etwa ein halber Liter starker, (mit gut 2 EL) gesüßter Espresso getrennt in möglichst flache Schalen gegossen, dann ins Gefrierfach gestellt und alle halbe Stunde mit einem Schneebesen kräftig aufgeschlagen. Nach ca. drei bis vier Stunden hat das Ganze schon Sorbet-Charakter. Nun wird zuerst das Milcheis und dann das Espressoeis in ein Glas geschichtet und mit einem Klacks Sahne und etwas Espressopulver serviert. Der Kaffeeklatsch kann beginnen! Wir machen es uns auf den Liegen mit extra vielen Kissen bequem und probieren der Reihe nach die Kuchen durch. Im Sommer ist Früchtezeit, also gehören Himbeeren, Blaubeeren, Aprikosen und Johannisbeeren auf die Teller. Mal kombiniert mit Sahne zu einer locker leichten Torte oder Rolle, dann versunken in einer leckeren Mandelmischung oder fast pur auf einem dünnen Boden. Und sollten Früchte übrig bleiben, lassen sich daraus schnell und unkompliziert leckere Marmeladen köcheln, die den Sommer ins Glas fangen und manchmal für wirklich liebe Freundinnen als kleines Geschenk dienen.

So entspannt sitzend, wandert der Blick dabei immer wieder durch den Garten. Die Rosen blühen, die Buchsbaumpflanzen haben sich schon zu einer stattlichen niedrigen Hecke verdichtet, die Stufen hoch zum Komposthaufen lassen sich nur noch erahnen und um die Brombeeren dieses Jahr zu ernten, werden wir uns ein Buschmesser ausleihen müssen – der Garten hat Besitz ergriffen. Bei dieser Pracht rings um uns braucht man keine aufwendige Dekoration. Die süßen Backwerke stehen auf extra großen Tellern – dann haben die Ameisen einen längeren Weg – und auf funkelnden Silbertabletts, in denen sich das Sonnenlicht spiegelt. Die Rosenblüten geben die sommerlichen Farben vor und werden unterstützt von fröhlichen Petunien. Hier steht das Genießen und Verweilen eindeutig an erster Stelle. Also zurücklehnen, die Augenlider halb schließen und der Sommerlust im Garten frönen!

HIMBEERTRAUM

Zutaten: 6 Eier / 1 Prise Salz / 350 g Zucker / 100 g Mehl / 100 g Vollkornmehl / ½ TL Backpulver / 50 g und 2 EL Speisestärke / 800 g Himbeeren / 1 Prise Zimt / 4 cl Orangenlikör / 600 g süße Sahne / 2 Pk. Vanillezucker / 1 Pk. Sahnesteif / 2 Blatt gelöste Gelatine

1. Die Eier trennen; das Eiweiß mit dem Salz und 2 EL kaltem Wasser zu sehr steifem Schnee schlagen und kalt stellen. 2. Den Backofen auf 180 °C (Ober-/Unterhitze) vorheizen und den Boden einer Springform mit Backpapier auslegen. 3. 250 g Zucker mit dem Eigelb und 2 EL warmem Wasser zu einer hellen Creme schlagen. Den Eischnee auf die Eigelbmischung häufen, dann beide Sorten Mehl, vermengt mit dem Backpulver und 50 g Stärke, auf die Mischung sieben und alles mit dem Schneebesen zügig verrühren. 4. Den Biskuitteig in die Springform füllen, glatt streichen und auf der mittleren Schiene ca. 40 Minuten backen. Danach auf ein Kuchengitter stürzen und gut auskühlen lassen (idealerweise über Nacht) und zweimal waagerecht durchschneiden. 5. Die Himbeeren nur wenn nötig waschen, verlesen und abtropfen lassen. 600 g Himbeeren abwiegen und mit 150 ml Wasser, dem restlichen Zucker (100 g) und dem Zimt aufkochen, durch ein Sieb streichen und wieder in den Topf geben. Die mit wenig Wasser angerührten 2 EL Stärke und den Orangenlikör zufügen. Alles aufkochen, vom Herd nehmen und abkühlen lassen. 6. Jetzt die Sahne zusammen mit dem Vanillezucker und dem Sahnesteif steif schlagen. 3 EL der Sahne in die gelöste Gelatine rühren. Dann die übrige Sahne zusammen mit der

Gelatinesahne in die Himbeermischung geben. 7. Den untersten Boden auf eine Tortenplatte legen und mit gut einem Drittel der Himbeermischung bestreichen. Darauf den zweiten Boden setzen und mit dem zweiten Drittel Himbeersahne bestreichen. Dann den letzten Boden darauflegen und rundherum mit der restlichen Himbeersahne bestreichen. 8. Die restlichen Himbeeren auf die Tortenmitte häufen – fertig ist die Sommertorte!

→ »Die Torte schmeckt so richtig sommerlich leicht! Es wäre zur Himbeerzeit eine Schande, für die Füllung die frischen Früchte durch gefrorene zu ersetzen. Greift man im Winter jedoch darauf zurück, würde ich als Topping statt gefrorener Himbeeren, die schnell matschig aussehen können, lieber ohne Fett geröstete Mandelblättchen nehmen.«

Von langer Hand geplant Den Biskuitboden backe ich mindestens zwei Tage vor dem Kaffeeklatsch, und die komplette Torte bereite ich einen Tag vorher zu und stelle sie dann über Nacht in den Kühlschrank. Bei launigem Frühlingswetter habe ich die Torte aber auch schon einmal komplett inklusive Himbeerdeko eingefroren – funktioniert sehr gut und schmeckt immer noch richtig lecker!

BLAUBEERTARTE

Zutaten: 600 g Blaubeeren / 100 g weiche Butter / 100 g Mascarpone / 450 g Zucker / 2 Eier / 200 g Mehl / 1 TL Backpulver / 1 große Prise Salz / 2 TL Zimt / 100 ml Milch / Butter für die Form

1. Die Beeren behutsam waschen und auf Küchenpapier trocknen lassen. 2. Die Butter mit dem Mascarpone weißschaumig mixen, 150 g Zucker einrieseln lassen und die Eier gründlich unterrühren. Das Mehl mit dem Backpulver, dem Salz und dem Zimt vermischen und unterheben. Zuletzt die Milch unterrühren. 3. Den Backofen auf 200 °C (Ober-/Unterhitze) vorheizen und die Backform einfetten. 4. 200 g Zucker gleichmäßig auf dem Boden der Form verteilen. Dann etwa drei Viertel der Beeren einfüllen und mit dem restlichen Zucker bestreuen. Nun den Teig über den Früchten verteilen. 5. Auf der mittleren Schiene ca. 45 Minuten backen, bis der Teig goldbraun ist. 6. Den Kuchen abkühlen lassen, dann aus der Form auf eine Kuchenplatte stürzen und mit den restlichen Beeren dekorieren. Schon fertig!

→ »Zu dieser Tarte gehört unbedingt leicht gesüßte Sahne, weil sie selbst nicht so süß ist. So schmeckt der Sommer. Und den kann man ausgiebig im Garten genießen, weil diese Tarte im Handumdrehen fertig ist! Etwas länger hat es gedauert, bis anschließend mein Backofen wieder sauber war … Mein Tipp: Auf jeden Fall eine Backform verwenden, die sich komplett schließen lässt und – auch wenn es vielleicht etwas spießig anmutet – eine Schutzfolie auf den Backofenboden legen. Sicher ist sicher.«

VERSUNKENER APRIKOSENKUCHEN

Zutaten: 350 g Mehl und zum Ausrollen / 30 g Puderzucker / 2 Eigelb / 150 g kalte, 200 g weiche Butter und für die Form / Linsen oder Backerbsen zum Blindbacken / 200 g Zucker / 8 Eier / 200 g gemahlene Mandeln / ca. 12 Aprikosen / 4 EL Aprikosenmarmelade

1. Das Mehl auf die Arbeitsfläche sieben und eine Vertiefung hineindrücken. Den Puderzucker, die Eigelbe und die kalte Butter in kleinen Stücken in die Mitte geben. Alles rasch zu einem festen Teig verkneten. Eventuell tröpfchenweise kaltes Wasser unterkneten. Die Teigkugel in Frischhaltefolie wickeln und eine halbe Stunde kalt stellen. 2. Den Backofen auf 200 °C (Ober-/Unterhitze) vorheizen und die Backform einfetten. 3. Den Teig auf etwas Mehl möglichst dünn ausrollen und die Form und den Rand (komplett hoch) damit auslegen. Mit den Zinken einer Gabel ein paar Mal in den Boden pieksen. Eine Lage Backpapier in die Form legen und mit Linsen oder Backerbsen füllen (die Linsen sollen den Teig nirgends berühren, sonst kleben sie fest). Den Boden auf der mittleren Schiene ca. 15 Minuten backen. 4. Die Form aus dem Ofen nehmen, das Backpapier und die Hülsenfrüchte entfernen und den Backofen auf 180 °C herunterschalten. 5. Die weiche Butter mit dem Zucker cremig rühren und ein Ei nach dem anderen unterrühren. Zum Schluss die Mandeln unterheben. Die Mandelmasse auf dem Teigboden verteilen. 6. Die Aprikosen entkernen, halbieren und mit der Außenseite nach oben auf den Kuchen geben, dabei leicht in die Mandelmischung drücken. Die Form wieder in den Ofen schieben und ca. eine halbe Stunde backen. 7. Den Kuchen abkühlen lassen. Währenddessen die Marmelade mit 1 EL warmen Wassers leicht erwärmen und den Kuchen damit glänzend bestreichen. Fertig!

→ »Dies ist ein richtig leckerer Sommerkuchen, der nicht so süß ist! Es ist wichtig, den Teig schön dünn auszurollen. Ich habe dadurch meistens etwas Teig übrig, den ich dann für kleine Tortelettförmchen nutze – so bekommen meine Kinder ihren eigenen Kuchen!«

Von langer Hand geplant Der Kuchen lässt sich sehr gut einfrieren. Am Kränzchentag nur noch mit der Marmelade bestreichen. Wenn man dann noch ein paar ohne Fett gebräunte Mandelblättchen darüberstreut, duftet und schmeckt der Kuchen wie frisch gebacken!

VON DER ROLLE

Zutaten: 4 Eier / 1 Prise Salz / 140 g und 3 EL Zucker / 90 g Mehl /
1 EL Öl (z.B. Sonnenblumenöl) / 20 g Schokoraspel / 2 Eigelb / 30 ml
Prosecco / 20 ml Cassislikör (schwarzer Johannisbeerlikör) / Saft
einer halben Zitrone / 12 Glatt eingeweichte Gelatine / 180 ml
schwarzer Johannisbeersaft (mit wenig Zucker) / 500 g schwarze
Johannisbeeren / 400 g süße Sahne / Puderzucker

1. Den Backofen auf 230 °C (Ober-/Unterhitze) vorheizen und ein Backblech mit Backpapier auslegen.
2. Die Eier trennen; das Eiweiß mit dem Salz und 2 EL kaltem Wasser zu sehr steifem Schnee schlagen, dabei 30 g Zucker einrieseln lassen und kalt stellen. 3. 60 g Zucker mit dem Eigelb und 2 EL warmem Wasser zu einer hellen Creme schlagen. 4. Den Eischnee auf die Eigelbmischung häufen, dann das Mehl auf die Mischung sieben und alles mit dem Schneebesen zügig verrühren. Als Letztes das Öl unterheben.
5. Die Masse auf das Backblech streichen, die Schokoraspel daraufstreuen und den Teig auf der mittleren Schiene ca. 8 Minuten hellgelb backen. 6. Das Blech aus dem Ofen nehmen und den Biskuitteig sofort dünn mit etwa 3 EL Zucker bestreuen und vom Blech auf die Arbeitsplatte ziehen (das Backpapier bleibt noch dran). Den Boden mit einem Geschirrtuch abdecken, stürzen und nun das Backpapier abziehen. Den Teig mit einem weiteren Geschirrtuch zudecken und erkalten lassen. 7. Die 2 Eigelb mit dem Prosecco, 50 g Zucker, dem Cassislikör und dem Zitronensaft in eine Schüssel oder besser in einem kleinen Topf mit Henkeln geben. Diesen über einen passenden Topf mit siedendem Wasser hängen (die

Schüssel oder der kleinere Topf darf das Wasser nicht berühren) und die Mischung kräftig aufschlagen, bis die Masse leicht dicklich wird. Die eingeweichte Gelatine in der heißen Creme auflösen. 8. Jetzt erst den Johannisbeersaft und die Johannisbeeren unter die Creme rühren. 9. Nun die Sahne steif schlagen. 10. Die Johannisbeercreme sollte jetzt Zimmertemperatur haben, ansonsten die Creme über einem kalten Wasserbad kalt rühren. Etwa ein Drittel der Sahne unter die Creme rühren, dann die übrige Creme mit einem Schneebesen vorsichtig unterheben. Die Johannisbeercreme eventuell noch kurz kalt stellen, damit sie noch fester wird. 11. Jetzt wird die Cassiscreme gleichmäßig auf den Biskuitboden gestrichen, dabei rundherum etwa 2 cm Rand frei lassen. 12. Nun wird gerollt: Mit Hilfe des Geschirrtuchs den Boden langsam aufrollen und zugedeckt mindestens 2 Stunden im Kühlschrank durchkühlen lassen. 13. Vor dem Anrichten die Rolle mit Puderzucker und Schokoraspel bestreuen. Es ist geschafft!

→ »Die Johannisbeerrolle ist ein Traum und macht richtig was her! Natürlich lassen sich auch andere Früchte verwenden, wie zum Beispiel Heidelbeeren, Himbeeren oder auch ganz klassisch Erdbeeren.«

Von langer Hand geplant Die Rolle lässt sich prima als großes Stück oder in einzelnen Stücken einfrieren.

BLAUBEERMARMELADE

Zutaten: 4 kleine Gläser mit Schraubverschluss (à 350 ml) / 1 kg Blaubeeren / 750 g Rohrzucker / 1 Pk. Vanillezucker / 3-4 Bio-Zitronen

1. Die Gläser heiß auswaschen, abtropfen lassen (nicht abtrocknen) und auf ein nasses Tuch stellen.
2. Die Beeren, wenn nötig, behutsam waschen und in einen großen Topf geben. Den Zucker und Vanillezucker zufügen. Die Zitronenschale abreiben und mit dem Zitronensaft zu den Beeren geben. Alles gut verrühren, dabei dürfen ruhig schon einige Beeren aufplatzen. 3. Nun die Masse langsam erhitzen und unter Rühren ca. 10 Minuten köcheln lassen. 4. Für die Gelierprobe einen Tropfen der heißen Marmelade auf einen kalten Teller geben und kurz warten, ob sich eine Haut bildet bzw. die Masse fester wird. Bleibt der Tropfen flüssig, alles noch etwas weiterkochen lassen und etwas Zitronensaft zufügen. 5. Dann die heiße Marmelade bis knapp unter den Rand in die Gläser füllen, sofort fest verschließen und kopfüber erkalten lassen. Jetzt nur noch beschriften, vielleicht ein kleines Stückchen Stoff über den Deckel binden – fertig!

→ »Diese Marmelade schmeckt göttlich auf warmen Buttercroissants und ist ein nettes Mitbringsel oder Give-away für eine gute Freundin. Das Besondere daran: Sie wird nicht mit Gelierzucker zubereitet und schmeckt deshalb so intensiv nach Blaubeeren.«

Von langer Hand geplant Dunkel und trocken hält die Marmelade mehrere Wochen oder sogar Monate. Jeder, der bisher Scheu hatte, selbst Marmelade zu kochen, sollte es unbedingt einmal versuchen. Dieser Duft aus einem geöffneten Glas verlängert den Sommer bis in den Winter hinein.

HERBST-GESCHNATTER

RUSTIKAL AM GROSSEN HOLZTISCH

→ Gleich ist es so weit, aber meine Freundinnen sind Gott sei Dank nicht die Überpünktlichsten. Noch bleibt Zeit für die schwimmenden Äpfel – sie sind eine tolle Dekoidee auf dem Kuchenbuffet, die man am besten kurz vorher ganz frisch herstellt. Dazu einfach von drei, vier kleineren Äpfeln das obere Drittel entfernen, das Kerngehäuse mit einem kleinen Löffel ausstechen und sofort die Schnittkanten mit Zitronensaft beträufeln, dann werden die Äpfel nicht braun. Die Teelichter aus ihren Aluförmchen nehmen und in die Äpfel setzen. Wenn die Kerzen aus dem Apfel gucken, muss das Loch noch etwas tiefer ausgekratzt werden. Anzünden. Fertig! Toll sehen die Schwimmäpfel pur in einer flachen, mit Wasser gefüllten Glasschale aus oder üppig dekoriert mit Rosenblüten und kräftig roten Hagebuttenzweigen.

Der Tisch ist gedeckt und quillt über vor Walnüssen! So ist der Herbst: überschwänglich, von allem ganz viel und Natur pur. Die vielen Walnüsse könnten auch Kastanien sein oder Haselnüsse, vielleicht auch kleine rote Äpfel. Aber viele müssen es sein, und sie kommen direkt auf den Holztisch zusammen mit ein paar lose hingelegten Zweigen in kräftigem Rot. Die letzten Rosen aus unserem

Garten habe ich auf die Etagère verteilt. Jetzt habe auch ich mich endlich hübsch gemacht – das schiebe ich immer bis zum Schluss – da reißt an meinem Kleid auch noch der oberste Knopf ab! Ohne den geht es gar nicht. Aber da läutet es schon, und die erste Freundin kann sogar nähen. Endlich sind alle da: Stößchen! Die Birnenbrüstchen geben dem Prosecco ein spritziges Aroma. Da die Luft schon kühl ist, wir aber immer noch draußen stehen und uns ausgiebig begrüßen, gibt es noch etwas Heißes – vorbereitet steht es draußen: Café Noisette. Ich habe Milchschaum zu etwa einem Drittel in die Gläser gefüllt, dann kommt ein ordentlicher Klacks angewärmte Nuss-Nougat-Creme dazu und anschließend wird jedes Glas bis gut zur Hälfte mit heißem Espresso aufgegossen. Da die Prosecco-Hand meistens wieder kurz frei ist, greifen wir nun auch zu den süßen Spießen. Ob wir uns jemals an den Tisch setzen?

SCHNELLE ÄPFEL IM GLAS – IDEALES GIVE AWAY

Zutaten: 200 g Mehl / 100 g Zucker / 1 TL Zimt / 100 g Butter / 2 EL
gemahlene Mandeln / 2 Äpfel / Walnusshälften zur Dekoration

1. Aus Mehl, Zucker, Zimt und Butter den oben beschriebenen Streuselteig zubereiten – reicht für zwei Einmachgläser à 0,5 l. 2. Die Einmachgläser gut einfetten (Boden und ca. zwei Drittel hoch), dann mit gemahlenen Mandeln ausstreuen. 3. Den Backofen auf 180 °C (Ober-/Unterhitze) vorheizen. 4. 2 Äpfel schälen und idealerweise von unten das Kerngehäuse entfernen, damit der Stiel stehen bleibt. 5. Den Glasboden gut 1 cm dick mit Streuseln belegen, festdrücken; in den Apfel von unten auch Streusel hineindrücken und diesen in das Glas setzen; die restlichen Streusel zwischen Apfel und Glaswand quetschen und den Apfel gut 1 cm mit Streusel bedecken. 6. Die Gläser auf den Gitterrost setzen, in die Mitte des Ofens schieben und knapp eine Stunde backen; wer will, kann noch ein paar ohne Fett geröstete Walnusshälften als Deko daraufstreuen.

→ »Wer den Kuchen nicht direkt warm aus dem Glas löffeln möchte, was eigentlich die beste Idee wäre, kann die Gläser auch super verschenken. Dazu direkt aus dem heißen Ofen den Dichtungsring auf den Glasrand legen, den Deckel auflegen und mit den Klammern verschließen. So halten sich die Küchlein einige Wochen frisch.«

SÜSS UND SPIESSIG

Zutaten: 125 ml Milch / 15 g Hefe / 1 Zitrone (Saft und Schale) /
1 Vanilleschote / Salz / 250 g Mehl / 200 g Puderzucker / Schoko-
oder Kokosraspel, Haselnussblättchen oder gehackte Mandeln
zum Bestreuen / 250 g Sahnequark / 4-5 EL Hagebuttenmarmelade

1. Die Milch erwärmen; die Hefe in die lauwarme Milch einrühren, bis sie sich auflöst; die Zitronenschale, das Vanillemark, eine Prise Salz und das Mehl zufügen und alles zu einem glatten Teig verkneten; den Teig in eine Schüssel füllen, mit einem Tuch oder Teller zudecken und am besten auf eine warme Heizung stellen; den Teig schön aufgehen lassen, bis er etwa doppelt so groß ist wie vorher. 2. Den Backofen auf 220 °C (Ober-/Unterhitze) vorheizen. 3. Den Teig in ca. 30 Stücke teilen, jeweils gut durchkneten und zu dünnen, langen (ca. 20 cm) Grissini-Würstchen formen; nebeneinander auf das Backblech legen – Backpapier darunter nicht vergessen. 4. In knapp 10 Minuten schön knusprig backen – auskühlen lassen. Den Zitronensaft und den Puderzucker verrühren und die Grissinis zur Hälfte damit bepinseln und nun nach Lust und Laune bestreuen. 5. Den Quark mit der Hagebuttenmarmelade verrühren und als Dip dazu servieren – so lecker!

→ »Die süßen Stangen mit dem fruchtigen Dip eignen sich wunderbar als Willkommengruß zu einem Glas Prosecco. Ich verliere beim Einpinseln der gebackenen Grissinis immer die Geduld und rühre die Puderzuckerzitronensauce in einem Prosecco-Glas an – dann brauche ich die Grissinis nur kurz einzutauchen, abtropfen lassen, bestreuen – fertig!

Hagebutten sind übrigens ausgesprochene Vitamin-bomben. Werden sie zum richtigen Zeitpunkt (reif und noch fest) geerntet, enthalten sie im Ver-hältnis vielfach mehr Vitamin C als Zitronen. Bei der Verarbeitung zu Marmelade oder Konfitüre ist es wichtig, die bitteren Kerne, die Kinder gern als Juckpulver verwenden, vorher zu entfernen.«

ELLIS BIRNENTORTE

Zutaten: 6 Eier / 420 g Zucker / Mark von ½ Vanilleschote / etwas abgeriebene Zitronenschale / 100 g Mehl / ½ Pk. Backpulver / 4 EL Milch / 2 Prisen Salz / 4 EL Mandelblättchen / 5 große, eher feste Birnen / ¼ l Weißwein / 400 ml süße Sahne / 2 TL Zimt / knapp 100 g dunkle Schokolade

1. Den Boden einer Springform einfetten und den Backofen auf 175 °C (Ober-/Unterhitze) vorheizen.
2. Für die Böden die Eier trennen, das Eigelb mit 100 g Zucker, dem Vanillemark und der Zitronenschale cremig aufschlagen (ideal mit der Küchenmaschine); das Mehl und das Backpulver vermischen, sieben und zusammen mit der Milch zügig unterrühren; die Hälfte der Masse in die Backform streichen, die andere Hälfte kühl stellen. 3. Das Eiweiß, 220 g Zucker und das Salz zu sehr steifem Schnee schlagen; die Hälfte dieser Baisermasse wolkig auf den Teig verteilen und mit der Hälfte der Mandeln bestreuen.
4. Den Boden bei ca. 160–170 °C ca. 25–30 Minuten hellbraun und leicht knusprig backen, aus der Form nehmen (hier lohnt sich wirklich der Tortenheber!); so auch den zweiten Boden backen – beide Böden abkühlen lassen. 5. Für die Füllung die Birnen schälen, entkernen, in kleinere Stücke schneiden und zusammen mit ¼ l Wasser, dem Wein und 50 g Zucker in einen Topf geben und etwa 10 Minuten dünsten, abkühlen und gut abtropfen lassen, den Saft dabei auffangen. 6. Die Sahne mit Zimt und 50 g Zucker steif schlagen. 7. Auf den ersten Boden die Birnen geben, dann die Sahne darauf verstreichen und den zweiten Boden darauflegen. 8. Die Schokolade im Wasserbad schmelzen und in dünnen Streifen über die Torte fließen lassen – gerne auch über den Tortenrand hinaus, sieht auf den meisten Tortenplatten sehr malerisch und einfach lecker aus!

→ »Ich finde die Kombination von Birnen und Schokolade und dazu noch diese luftigen Baiserböden einfach unwiderstehlich! Die Vanilleschote tut ihr Übriges: Sie wirkt ausgleichend und beruhigend und zugleich aphrodisierend – sprich: Sie ist gut für die Seele! Der Birnensaft ist übrigens viel zu lecker, um ihn einfach den Abfluss hinunter laufen zu lassen. Ich habe ihn in Pralinenförmchen gefüllt, genannt »Brüstchen«, tiefgefroren und am Kränzchentag den Prosecco damit aromatisiert. Sehr lecker!«

Achtung! Die Böden und die gedünsteten Birnen müssen richtig abgekühlt sein, bevor die Sahne dazukommt – sonst schmilzt und fließt die Pracht von dannen. Also lieber eine Pause einlegen!

FÄCHERTORTE

Zutaten: 450 g Mehl / 1 TL Backpulver / 4 Pk. Vanillezucker /
150 g Schmand / 275 g Butter / 200 g Zucker / 2 TL Zimt / 1 kg
Zwetschgen, Pflaumen oder Renekloden / 2 EL Speisestärke / 3 EL
Zwetschgenwasser / 400 g süße Sahne / 2 Pk. Sahnesteif

1. 250 g Mehl mit Backpulver mischen und auf die Arbeitsfläche häufen, 2 Pk. Vanillezucker, den Schmand
und 175 g weiche Butter zufügen und alles zu einem glatten Teig verkneten, dann für ca. 2 Stunden in
Klarsichtfolie gewickelt ab in den Kühlschrank. 2. 200 g Mehl, 100 g Zucker, 1 TL Zimt und 100 g Butter
am besten in der Küchenmaschine (Knethaken) zu kleinen Streuseln verrühren – auch kalt stellen.
3. Die Zwetschgen waschen, entsteinen, teilen oder grob würfeln und mit 100 g Zucker und 1 TL Zimt in
einen Topf geben, gut 5 Minuten köcheln lassen. 4. Die Stärke und das Zwetschgenwasser zusammen
glatt rühren, zum Kompott geben, alles einmal aufkochen und dann abkühlen lassen. 5. Den Backofen
auf 200 °C (Ober-/Unterhitze) vorheizen. 6. Den Teig in vier Portionen teilen; auf einer bemehlten
Arbeitsfläche zu vier gleich großen Kreisen ausrollen (Backform als Schablone darauflegen), diese jeweils
auf Backpapier legen und mit einer Gabel mehrfach einstechen. 7. Die Streusel mit den Fingern zerreiben
und gleichmäßig auf die vier Teigkreise verteilen, etwas andrücken. 8. Nun die Böden nacheinander aufs
Backblech ziehen und auf der untersten Schiene jeweils ca. 13–15 Minuten backen; einen der Böden

direkt nach dem Herausnehmen in 12 Tortenstücke teilen – alles gut abkühlen lassen. 9. Die Sahne mit dem Sahnesteif und dem übrigem Vanillezucker steif schlagen. 10. Einen Boden mit einem Drittel des Kompotts und einem Drittel der Sahne bestreichen (die Masse mehr in die Mitte geben – sie wird automatisch durch das kommende Gewicht nach außen gedrückt), den nächsten Boden auflegen, wieder Kompott und Sahne daraufgeben und so fort; zum Schluss die einzelnen Bodenstücke fächerartig oben daraufsetzen (bei mir bleibt immer ein Stücken übrig, das wird direkt gegessen) – fertig!

Erste Hilfe Wenn das Zwetschgenkompott nicht steif wird, kann man auch mit Gelatine nachhelfen.

Von langer Hand geplant Der Teig ist schnell zubereitet und flink gebacken, und das Kompott lässt sich schon Tage vorher zubereiten. Wenn man schon selbst gemachte Marmelade oder gar Kompott im Haus hat, spart man einen ganzen Arbeitsgang! Ich verwende für diese Torte immer meine eingekochten Zwetschgen mit Schuss.

MEIN NACHBAR BRINGT WALNÜSSE OHNE ENDE

Ich ringe noch mit mir – gehe ich bei diesem Wetter nach draußen und kehre endlich das Laub zusammen oder verschiebe ich es wieder? Ich könnte mich anschließend mit einem Bummel über den samstäglichen Wochenmarkt belohnen und mir einen Arm voll Blumen mit nach Hause nehmen, die selten in so einer Fülle und Farbkraft strahlen wie am Ende des Sommers. Die Taschen habe ich voller Obst: Äpfel, Trauben, Feigen und Nüsse. Vor ein paar Tagen hat mir ein Nachbar einen riesigen Jutesack voller Walnüsse an den Zaun gestellt. Ich würde doch so gerne backen … Und ein paar Tage später bringt mir eine Freundin eine ganze Kiste voller Äpfel – von der Obstwiese ihres Bruders, direkt am Weinberg gelegen. Diese Fülle, diesen Überfluss muss man jetzt in vollen Zügen

genießen, tief in sich aufnehmen. Es rettet einen durch den langen kalten Winter. Jetzt muss man raus und immer wieder riechen: das Laub, leicht modrig, die feine Säure aus der Apfelkiste. Ich genieße noch ausgiebig die vielleicht letzten intensiven Sonnenstrahlen. Man muss keine passionierte Reiterin sein, um sich dann Anfang November bei einem Hubertusritt auch als Zuschauer vom Jagdfieber mitreißen zu lassen. Natürlich wird längst kein Fuchs mehr gejagt. Die Grünröcke jagen einem Reiter hinterher, und mich kribbelt es jedes Mal wieder im Bauch, wenn vierzig oder mehr dampfende Pferde aus dem Unterholz brechen, über die Hindernisse jagen und direkt auf das kleine Schlösschen Solitude zugaloppieren. Und danach? Schnäpse den Reitern und mir bitte ein Stückchen Apfelstrudel …

APFELSTRUDEL

Zutaten: 250 g Mehl / 1 Prise Salz / 1 Ei / 150 g zerlassene Butter /
1 kg säuerliche Äpfel / Saft von einer Zitrone / 150 g gemahlene
Haselnüsse / 5 EL Reneklodenmarmelade / 100 g Rosinen / 50 g gehackte
Mandeln / 110 g Zucker / 1 TL Zimt / Puderzucker zum Bestäuben

1. Das Mehl mit dem Salz, dem Ei, 3 EL zerlassener Butter und 100 ml kaltem Wasser mit dem Knethaken der Küchenmaschine zu einem zähen Teig verrühren; dann gut fünf Minuten mit den Händen kräftig durchkneten. 2. Den Teig in Frischhaltefolie wickeln, auf einen Teller legen und mit einer angewärmten Schüssel (vorher einfach für ein paar Minuten heißes Wasser hineinfüllen) abdecken, nun ca. eine Stunde ruhen lassen. 3. Jetzt ist Zeit, die Äpfel zu schälen, zu vierteln und vom Kerngehäuse zu befreien; die Apfelspalten in Scheibchen schneiden (sie schmecken grob oder fein) und immer wieder mit Zitronensaft beträufeln – dann werden sie nicht braun. 4. Die gemahlenen Nüsse am besten in einer beschichteten Pfanne ohne Fett langsam anrösten; wenn sie gut riechen und leicht braun sind, zur Seite stellen. 5. Den Backofen auf 200 °C (Ober-/Unterhitze) vorheizen; ein Backblech gut einfetten. 6. Ein großes Baumwollküchentuch leicht mit Mehl bestäuben und den Teig darauf möglichst dünn ausrollen; immer wieder mit zerlassener Butter bestreichen, das hält ihn elastisch; zum Schluss den Teig mit den Fingern vorsichtig zu einem möglichst großen Rechteck auseinanderziehen (fast Küchentuchgröße), ohne dass er reißt. 7. Nun den Teig zuerst mit der Marmelade bestreichen, dann die gebräunten Nüsse gleichmäßig darauf verteilen; anschließend die Äpfel (nicht ganz bis zum Rand), die Rosinen, die Mandeln und den Zucker, vermischt mit Zimt, darüberstreuen. 8. Der Teig wird an den kurzen Seiten knapp über die Füllung geschlagen und von der langen Seite aufgerollt – dabei das Küchentuch leicht anheben; nun wird der Strudel mit Hilfe des Tuches auf das Backblech gehievt; nochmals mit der zerlassenen Butter bepinseln – geschafft! 9. Den Strudel in die Mitte des heißen Ofens schieben und etwa 40 Minuten backen; wenn er ganz leicht braun wird, ist er fertig und muss raus – sonst wird er trocken. 10. Am besten schmeckt er noch lauwarm und dick mit Puderzucker bestäubt!

→ »Mir schmecken am besten Boskop-Äpfel – oft mische ich aber auch zwei Sorten! Reneklöden sind eine Art gelbe Pflaumen. Die ergänzen sich hervorragend mit den säuerlichen Äpfeln und wachsen praktischerweise in unserem Garten.«

Erste Hilfe Wenn die Haselnüsse brennen statt zu bräunen: nicht umrühren! Schnell die Pfanne vom Herd nehmen und die oberste Schicht der Nüsse vorsichtig rauslöffeln – man kann sie noch prima verwenden.

Von langer Hand geplant Der frisch gebackene, abgekühlte Strudel lässt sich gut am Stück (notfalls auch in einzelnen Stücken) einfrieren. Am Kränzchentag ca. 4 Stunden fürs Antauen einplanen, dann bei ca. 175 °C für eine halbe Stunde in den Ofen schieben und lauwarm servieren. Schmeckt wie frisch gebacken!

MANDELKRÜSTCHEN

Zutaten: 7 Äpfel / 200 g Zucker / 1 TL Zimt / 2 EL Rum / 300 g
Mehl / 2 TL Backpulver / 1 Pk. Vanillezucker / 2 Eier / etwas
Bittermandelöl / 225 g zimmerwarme Butter / 200 g gehobelte
Mandeln oder Mandelblättchen / 2 EL Honig / 3 EL Milch

1. Die Äpfel schälen, achteln und in kleine Stückchen schneiden. 2. Die Äpfel mit etwas Wasser, 50 g Zucker und dem Zimt etwas weich dünsten – es soll aber kein Apfelmus entstehen. 3. Die Masse abkühlen lassen und dann mit Rum abschmecken – fertig ist die Füllung. 4. Den Backofen auf 190 °C (Ober-/Unterhitze) vorheizen; eine große Springform gut einfetten. 5. Das Mehl mit dem Backpulver, 80 g Zucker, dem Vanillezucker, den Eiern, dem Bittermandelöl und 150 g Butter kräftig mit den Händen zu einem Teig verkneten. 6. Eine Hälfte des Mürbeteigs so gut es geht ausrollen und auf den Boden der Backform legen bzw. in diesen hineindrücken – den Rand nicht vergessen und ca. 2 cm hoch mit Teig bekleben; um den Rand einheitlich hoch zu haben, kann man anschließend mit der stumpfen Seite eines Messers einmal die Kante entlang fahren. 7. Den Teig für 10 Minuten zum Vorbacken in den Ofen (mittlere Schiene) geben. 8. Auf den leicht ausgekühlten Teig 50 g Mandeln streuen, dann die gedünsteten Äpfel darauf verteilen. 9. Nun aus dem restlichen Teig einen runden Deckel ausrollen und die Masse komplett bedecken – es ist nicht schlimm, wenn es nicht am Stück klappt, ausbessern ist erlaubt und fällt später überhaupt nicht auf, wichtig ist nur, dass die Teigdecke wirklich bis an den Rand reicht und alles gut zugedeckt ist. 10. Die restliche Butter (75 g) mit Zucker (gut 70 g) und dem Honig in einem Topf schmelzen lassen, die restlichen Mandeln und die Milch unterrühren. 11. Den Teigdeckel mit der Mandelmasse bestreichen – schon geschafft! 12. Den Kuchen wieder in die Mitte des heißen Ofens (180 °C reichen) schieben und etwa 25 Minuten backen; wenn er ganz leicht braun wird, ist er fertig.

→ »Ich beginne bei diesem Kuchen immer mit den Äpfeln, denn während diese köcheln, kann ich bereits den Teig zusammenrühren. Der Kuchen geht wirklich schnell und schmeckt mit diesem knusprigen Teigdeckel wunderbar! Wenn das Ausrollen gut gelingt und eigentlich Teig übrig wäre, schnell ein paar Plätzchen ausstechen und ein paar Minuten mitbacken. Diese eignen sich gut als Deko auf der Kaffeetafel oder wie bei mir als Einladungskekse – mit oder ohne Mandelmasse. Dazu habe ich mehrere Plätzchen in zwei Größen ausgestochen, den Einladungstext auf Backpapier geschrieben – das Papier brennt nicht so leicht – und ganz klein gefaltet. Dann wird das Papierzettelchen auf einen Keks gelegt, der zweite Keks daraufgelegt, aber so, dass der Zettel noch leicht herausschaut, und festgedrückt. Beim Backen springt das Loch mit dem Papier darin etwas auf – das ähnelt fast einem Kunstwerk.«

Von langer Hand geplant Der
frisch gebackene, abgekühlte
Kuchen lässt sich prima am Stück
(notfalls auch in einzelnen
Stücken) einfrieren. Am
Kränzchentag ca. 4 Stunden fürs
Antauen einplanen, dann bei ca.
175 °C für eine halbe Stunde in
den Ofen schieben und lauwarm
servieren. Schmeckt wie frisch
gebacken!

NUSSKNACKER

Zutaten: 90 g Mehl / 75 g kalte Butter / 90 g Zucker / 2 EL Milch / 450 g
Nüsse: Walnuss- und Haselnusskerne, Macadamia- und Paranusskerne,
Mandelstifte o.Ä. / 100 g brauner Zucker / 50 g süße Sahne / 1 Ei

1. Das Mehl auf die Arbeitsfläche sieben, die Butter hineinbröckeln und beides kräftig miteinander verkneten, bis eine grobkörnige Mischung entsteht. 2. Die Mischung mit Zucker und Milch zu einem glatten Teig kneten – dann für ca. 2 Stunden ab in den Kühlschrank. 3. Nun sämtliche Nüsse mit dem braunen Zucker am besten in einer beschichteten Pfanne leicht anrösten – ohne jegliches Fett. 4. Den Backofen auf 180 °C (Ober-/Unterhitze) vorheizen. 5. Die gut riechende, klebrige Nussmasse abkühlen lassen, dann mit Sahne und Ei in einer Schüssel vermischen. 6. Den Teig in einer großen Backform festdrücken, die Nussmischung daraufgeben – fertig! 7. Die Form in die Mitte des heißen Ofens schieben und etwa 35 Minuten backen; wenn die Nüsse leicht braun sind, ist der Kuchen fertig.

→ »›Der am stärksten unterschätzte Kuchen hinsichtlich Opulenz und Aussehen!‹ Zitat meines Mannes – und er kennt alle Kuchen dieses Buches wirklich gut! So einfach und so lecker! Dabei muss man sich nicht so eng an die oben aufgeführten Nusssorten halten. Ich habe auch schon eine Nusskernmischung mit untergerührt und nutze diesen Kuchen meist als Anlass, sämtliche angebrochene Nusstüten (und natürlich auch frische Nusskerne) zu verarbeiten.«

FEIGENMUFFINS MIT BIRNENKOMPOTT

Zutaten: 200 g Mehl / 2 TL Backpulver / 100 g Butter / 200 g saure Sahne / 1 TL Salz / 2 Eier / 200 g Ziegenkäserolle / 4 frische Feigen / 2 Birnen / 200 ml trockener Weißwein / 3–4 EL Zucker / 1–2 EL Zitronensaft / schwarzer Pfeffer (am besten aus der Mühle)

1. Den Ofen auf 180 °C (Ober-/Unterhitze) vorheizen; die Mulden des Muffinblechs gut einfetten. 2. Das Mehl und das Backpulver mischen; die Butter schmelzen, dann mit der sauren Sahne verrühren, Salz, Eier und Mehl unterheben. 3. Den Ziegenkäse in schmale Scheiben schneiden, die der Feigen können ruhig etwas dicker sein. 4. Je 1 EL Teig in eine Muffinmulde füllen, mit 1 Scheibe Ziegenkäse belegen, wieder 1 EL Teig darauf, eventuell etwas glatt streichen, mit je 1 Scheibe Feige belegen. 5. Rein in den Ofen: Auf der mittleren Schiene ca. 20 Minuten backen. 6. Die Birnen schälen, vom Kerngehäuse befreien und in kleinere Stücke schneiden. Dann mit 200 ml Wasser, dem Wein und dem Zucker weich kochen, eventuell noch leicht zerdrücken; mit Zitronensaft und Pfeffer abschmecken – schmeckt super zu den Muffins!

→ »Dem Neukombinieren von Zutaten für diese schnellen Muffins sind keine Grenzen gesetzt! Einfach mal andere Käsesorten ausprobieren – je intensiver im Geschmack, desto interessanter der Muffin – und dazu ein Obstkompott, das den Frischekick gibt.«

Von langer Hand geplant Bei meinem Kränzchentag im Herbst habe ich einfach etwas mehr Birnen für die Birnentorte weich geköchelt und diese dann – noch einmal abgeschmeckt – zu den Muffins gereicht. Ein Arbeitsgang gespart!

DATTELN AUF SILBERLÖFFELCHEN

Zutaten: 1 Stück frischer Ingwer (ca. 2 cm) / 50 g Walnusshälften /
2 EL Zucker / 3-4 Stängelchen Minze / 50 g Roquefortkäse / 200 g
(Joghurt-)Frischkäse / 1 Prise Salz / 200 g entsteinte Datteln

1. Den Ingwer schälen und fein hacken. 2. Die Walnusshälften ohne Fett anrösten (geht am besten in
einer beschichteten Pfanne), Zucker und Ingwer zugeben. Wenn der Zucker schmilzt, alles auf einen
Teller geben und abkühlen lassen. 3. Die Minze kurz abspülen, trockenschütteln und die Blättchen
fein hacken. 4. Den Roquefort mit einer Gabel zerdrücken, Frischkäse und Minze dazugeben, alles gut
verrühren und mit einer Prise Salz abschmecken. 5. Etwas Roquefortcreme in jede Dattel quetschen und
mit jeweils einer Walnusshälfte belegen, etwas andrücken. 6. Jede gefüllte Dattel auf ein Silberlöffelchen
legen – fertig!

→ »Im Orient ist es üblich, seine Gäste mit einem
Glas warmem und stark gesüßtem Pfefferminztee
zu begrüßen. Hier bekommen die Datteln einen
erfrischenden Akzent durch die Minzblätter. Es
lohnt sich auf jeden Fall mal Ananasminze (enthält
viel Menthol), Orangenminze, Apfelminze oder die
sehr aromatische marokkanische Minze zu probieren.
Minze hat eine anregende, belebende Wirkung und
ist übrigens sehr leicht im eigenen Garten oder
Balkonkasten anzubauen.«

WINTER-ZAUBER

OPULENT UND OHNE HEMMUNGEN

→ Dieses Jahr kam er über Nacht. Morgens gegen halb sieben bin ich aufgewacht und habe es gehört: Der Winter ist da. Wir wohnen am Hang, genießen täglich die Sicht über die Stadt und auch ihre Geräusche, die schon ganz früh am Morgen beginnen: Kirchturmuhren zu beiden Seiten, immer wieder Blaulicht, jaulende Hunde und der stete, im Laufe des Tages langsam anschwellende Geräuschpegel der Stadt. Aber plötzlich ist nun alles anders. Die Stadt hat sich in Watte gepackt. Die weiße Pracht hat sich in jeden Winkel geschlichen. Es ist still. So richtig still. Die dann folgende jauchzende Freude der Kinder ist ansteckend: Auch ich kann es kaum erwarten, endlich nach draußen zu kommen. Meine Tochter Rosalie startet die erste Schneeballschlacht und hat es gleich auf mich abgesehen. Schneemann bauen, Schlitten fahren oder einfach lange Spaziergänge durch eine märchenhaft veränderte Winterlandschaft - es zieht die ganze Familie nach draußen.
Für Gäste, die aus der Kälte kommen, tut das gut, was so richtig schön einheizt: Blonder Engel. Vor Jahren habe ich das Getränk auf dem Stuttgarter Weihnachtsmarkt entdeckt, und es gehört seitdem für mich zum Winter wie der erste Schnee für die Kinder. Ich mische hierzu einen trockenen Weißwein (Riesling eignet sich sehr gut) zu gleichen Teilen mit Eierlikör, erwärme beides unter Rühren in einem kleinen Topf und fülle es entweder rustikal in Henkelbecher oder zum Kaffeeklatsch auch gerne in Champagnerschalen. Dann kommt frisch geschlagene Sahne oben drauf - fertig!
Der Blonde Engel wärmt von innen und macht Lust auf mehr. Vielleicht gehört deshalb in so viele Wintertorten ein Schlückchen Hochprozentiger, sei es in die Füllung oder auf die Böden. Und natürlich darf die Schokolade nicht fehlen. Brauchen wir das eine für die Wärme, dann hilft das andere zum Glücklichsein. Doch dann möchte ich auch wieder etwas Frisches, das ich zu den süßen Torten genießen kann. Im Winter ist Hochkonjunktur für exotische Früchte. Manche gehören

schon zum Alltag, andere serviert man doch eher zu speziellen Anlässen. Ein frischer Obstsalat aus Mangoscheiben, Ananasstückchen und Orangenschnitzen, serviert in ausgepressten Orangenhälften (Bio-Qualität), ist eine richtige Vitaminbombe. Abgeschmeckt mit etwas frisch gepresstem Orangensaft, dekoriert mit einigen Minzezweigen und dem Fruchtfleisch einer Passionsfrucht schmeckt er göttlich und sieht auch so aus. Die saftigen, fleischigen Fruchtkerne des Granatapfels sind ideale Zutaten für Obstsalate, Cremes oder Eis und schmecken selbst zu herzhaften Fleisch- und Wildgerichten toll. Der Granatapfel gilt als Symbol der Liebe, Schönheit und Fruchtbarkeit – und ist die süße Verführung pur. Möglicherweise war es sogar die Frucht des Granatapfelbaumes, die Adam und Eva in der biblischen Schöpfungsgeschichte verbotenerweise naschten. Sein zipfeliger

Blütenkelch verleiht dem Granatapfel eine fast zwiebelähnliche Form, weshalb er tatsächlich ab 1739 von den Porzellanherstellern als Vorlage für das weltberühmte Meißener Zwiebelmuster verwendet wurde. Mit Läuterzucker eingekocht, wird aus dem Saft übrigens Grenadine, ein Sirup, der sich hervorragend für Mixgetränke eignet.

In der Bibel gelten als Zeichen für die Fruchtbarkeit neben dem Granatapfel auch Trauben und vor allen Dingen Feigen. Und die haben jetzt Saison und eignen sich hervorragend als herzhafter Snack. Einfach die Früchte waschen und vierteln, eine Scheibe Salami und ein Basilikumblättchen auf die Feige geben und mit einem Spieß (ich nehme hier Olivenzweige) feststecken.

Auch das ist Winter: Ich verbringe irgendwie doch mehr Zeit im Haus und betreibe auch mehr Aufwand mit meinen Einladungen. Manchmal möchte man seinen Freundinnen etwas wirklich Besonderes bieten. Ein Lichtlein brennt? Nein, ganz viele sollen funkeln, denn Minimalismus hat an der Winter-Festtafel keinen Platz. Der Tisch muss funkeln und schimmern.

Aber es sind die Brüche, die ein Outfit und eine Tischdekoration spannend und sexy machen. Perfektion ist tendenziell langweilig; Spannung schaffen ist das Thema! Ich mixe Stile, wie es mir gefällt, und liebe es, überraschende Akzente zu setzen: Thront da nicht ein dicker Engel auf der Schokoladentorte? Habe ich tatsächlich meinen alten Fellmantel für die Tischdekoration zerschnitten? Aber bei aller Lust auf Üppigkeit und optische Opulenz bin ich mit kontrastreichen Farbkombinationen jedoch lieber vorsichtig. Letztendlich zeigt die Natur die schönsten Kombinationsmöglichkeiten. Ich lasse es vielleicht nur ein bisschen mehr glitzern ...

Apropos glitzern: Beim Aufräumen finde ich doch tatsächlich immer noch mal eine Kleinigkeit, die längstens in die Weihnachtskiste gehört. Obwohl, aus ein paar einzelnen Christbaumkugeln könnte ich geschwind eine Einladung für mein nächstes Kaffeekränzchen zaubern. Einfach auf die blank geputzte Kugel mit einem Textmarker oder ähnlichem Stift den Einladungstext schreiben, den Aufhänger entfernen und die Kugel mit etwas Wasser füllen - fertig ist ein originelles Väschen für meine Freundinnen. Ich stelle wieder einen Olivenzweig hinein, wahrscheinlich, weil wir mehrere Bäumchen davon im Garten haben, die übrigens jeden Winter aufs Neue widerlegen, dass sie bei Frost im Haus überwintern müssen. Jetzt sollte die Kugel-Vase nur noch stehen. Will sie das partout nicht von selbst, einfach etwas nachhelfen: entweder ein bisschen Knete oder ein winziges Stückchen Marzipan unter die Kugel kleben, schon steht sie wie eine Eins.
Der Anfang ist gemacht. Der Kaffeeklatsch kann kommen und eine Idee für den krönenden Abschluss hat meine Freundin Conny gleich mitgebracht: Kaffeesatzlesen. Den Mokka und die nötige Anleitung dazu gibt es in einem schmucken Päckchen fertig zusammengestellt. Jetzt kann es losgehen!

ESPRESSO-EIERLIKÖR-TORTE

Zutaten: 7 Eier / 1 Prise Salz / Butter zum Fetten der Form / 200 g Zucker / 1 Pk. Vanillezucker / 50 g Mehl / 3 TL Backpulver / 50 g Speisestärke / 300 g gemahlene Haselnüsse / 100 g Schokoladenraspel oder geriebene Zartbitterkuvertüre / 350 g Schokolade (Vollmilch und Zartbitter) / 4 Tütchen lösliches Espressopulver / 800 ml süße Sahne / 3 Blatt gelöste Gelatine / 500 ml Eierlikör / 300 g Zartbitterkuvertüre

1. Die Eier trennen; das Eiweiß mit dem Salz und 2 EL kaltem Wasser zu sehr steifem Schnee schlagen und kalt stellen. 2. Den Backofen auf 175 °C (Ober-/Unterhitze) vorheizen und den Boden einer Springform einfetten. 3. Den Zucker mit dem Vanillezucker mischen und zusammen mit dem Eigelb und 2 EL warmem Wasser zu einer hellen Creme schlagen. 4. Jetzt das Mehl, vermischt mit dem Backpulver und der Stärke, die Haselnüsse und die Schokoraspel auf die Eigelbmischung geben, den Eischnee daraufhäufen und alles – am besten per Hand mit dem Schneebesen – verrühren. 5. Den Biskuitteig in die Springform füllen und in den Ofen schieben. Auf der mittleren Schiene ca. 40 Minuten backen. Danach gut auskühlen lassen (idealerweise über Nacht) und zweimal waagerecht durchschneiden. 6. Die Schokolade im heißen Wasserbad langsam flüssig werden lassen. Das Espressopulver dazugeben und abkühlen lassen. 7. Nun die Sahne sehr steif schlagen. 8. Die Hälfte der Sahne mit der geschmolzenen Espressoschokolade verrühren, eventuell noch einmal kurz kalt stellen, damit die Masse wieder etwas fester wird. 9. Die Gelatine nach Packungsangabe auflösen und zusammen mit dem Eierlikör unter die restliche Sahne heben. 10. Jetzt kommt die Kür: Den ersten Boden auf die Tortenplatte legen und mit der Schokoladensahne bestreichen. Nun den zweiten Boden darauflegen und mit der halben Eierlikörsahne bestreichen. Auch der dritte Boden und der Tortenrand werden mit der restlichen Eierlikörsahne bestrichen. Jetzt ist es fast geschafft! 11. Nun wird die Kuvertüre im heißen Wasserbad langsam geschmolzen. Währenddessen wird ein Backblech (eventuell ein zweites bereithalten) mit Backpapier belegt. 12. Jetzt sind der Fantasie keine Grenzen gesetzt, und mit der geschmolzenen Kuvertüre werden Blumen, Noten, Herzen oder Sterne auf das Backpapier gemalt. Das geht ganz gut mit einem Holzlöffelstiel oder einem kleinen Pinsel. Ruhig etwas dicker auftragen – dann bricht es beim Herunterlösen nicht so leicht. Abkühlen lassen und die Torte damit verzieren.

→ »Ein Highlight sind kleine Schokoschüsselchen: Hierzu werden mindestens fünf Luftballons nur etwa bis zur doppelten Faustgröße aufgeblasen, zugeknotet und zu etwa zwei Dritteln zuerst mit Butter (geht am besten mit den Fingern) und dann zweimal dick mit der Kuvertüre beschmiert – dazwischen und danach im Tiefkühler ganz hart werden lassen. Vorsichtig die Ballons aus der Schokohälfte herauslösen. Wenn dabei ein, zwei zerbrechen sollten, ist das kein Problem – drei reichen als Deko. Nun werden die Ballons zusammen mit den anderen Verzierungen auf die Torte gesetzt und etwa zur Hälfte mit Eierlikör gefüllt. Sieht super aus! Vor dem Anschneiden gieße ich einfach den Eierlikör über die Torte. Bei meinem Kaffeeklatsch wartet immer schon eine Freundin sehnsüchtig auf ein Schokoschüsselchen …«

Von langer Hand geplant Die Torte eignet sich wunderbar, um Schokoreste zu verarbeiten. Deswegen backe ich sie besonders gerne nach Weihnachten oder Ostern.

CHAMPAGNER-ANANAS-TORTE

Zutaten: 100 g weiße Kuvertüre / 4 Eier / 1 Prise Salz / Butter zum Fetten der Form / 150 g Zucker / 1 Pk. Vanillezucker / 100 g Mehl / 2 TL Backpulver / 100 g Speisestärke / ca. 1 kg frische Ananas / 50 g Puderzucker / 2 Pk. Zitronencreme ohne Kochen / 750 ml Champagner (Sekt geht natürlich auch) / 850 ml süße Sahne / 3 Pk. Sahnesteif

1. Die Kuvertüre im heißen Wasserbad langsam flüssig werden lassen. 2. Die Eier trennen; das Eiweiß mit dem Salz und 2 EL kaltem Wasser zu sehr steifem Schnee schlagen und kalt stellen. 3. Den Backofen auf 180 °C (Ober-/Unterhitze) vorheizen und den Boden einer Springform einfetten. 4. Den Zucker mit dem Vanillezucker mischen und zusammen mit dem Eigelb und 2 EL warmem Wasser zu einer hellen Creme schlagen. 5. Jetzt das Mehl, vermischt mit dem Backpulver und der Stärke, auf die Eigelbmischung geben, den Eischnee daraufhäufen und alles mit dem Schneebesen zügig verrühren. Zum Schluss die leicht abgekühlte, flüssige Kuvertüre unterrühren. 6. Den Biskuitteig in die Springform füllen und auf der mittleren Schiene ca. 30 Minuten backen. Danach gut auskühlen lassen (idealerweise über Nacht) und zweimal waagerecht durchschneiden. 7. Den Backofen auf 90 °C (Umluft) vorheizen. 8. Nun zuerst die Ananas sauber schälen und etwa 18 bis 20 möglichst dünne Scheiben abschneiden (etwa Salami-Stärke); das heißt, man sieht die Messerklinge beim Schneiden durchschimmern. Ein bis zwei Backbleche werden mit Backpapier ausgelegt und dick mit gesiebtem Puderzucker bestäubt. Darauf werden die Ananasscheiben nebeneinander verteilt und wieder dick mit Puderzucker bestäubt. Jetzt kommen sie für ca. 90 Minuten in den Ofen; nach der halben Zeit vorsichtig wenden! Sind die Scheiben aus dem Ofen, sofort mit einem Pfannenwender vorsichtig vom Blech lösen und abkühlen lassen. 9. Die restliche Ananas (ca. 800 g) wird in kleine Stückchen geschnitten und in 250 ml Champagner etwas weich gekocht. Danach abkühlen lassen. 10. Für die Füllung die Zitronencreme nach Packungsangabe zubereiten, jedoch mit 500 ml Champagner statt Milch oder Wasser. 11. Jetzt die Sahne sehr steif schlagen, das Sahnesteif dabei einrühren. 12. Die Ananasstücke gut abtropfen lassen und mit fast der ganzen Sahne in die Zitronencreme rühren. Ein kleines Schüsselchen Sahne für die Dekoration

kühl stellen. 13. Die Vorbereitungen sind geschafft, jetzt wird gestapelt: Den untersten Boden auf eine Tortenplatte legen und mit einem Tortenring (es geht auch der saubere Rand einer Backform) umschließen. Mit gut einem Drittel der Champagnerzitronensahne bestreichen. Darauf den zweiten Boden setzen und das Gleiche wiederholen. So auch beim letzten Boden. Und jetzt die fast fertige Torte schön kühl stellen – gerne über Nacht. 14. Vorsichtig den Tortenring lösen. Das klappt gut, wenn man zuerst einmal mit einem Messer zwischen Torte und Ring entlang fährt. Nun den Tortenrand und eventuell auch den Deckel mit der restlichen Sahne bestreichen. 15. Dicht an dicht werden nun rings um die Torte die getrockneten Ananasscheiben gesetzt. Sind noch welche übrig, kann man immer paarweise zwei Scheiben hochkant auf die Torte setzen. Fertig!

→ »Die Torte schmeckt superfruchtig und gar nicht so süß! Es wäre ein Jammer – aber natürlich machbar – für die Füllung die frische Ananas durch ihre Doppelgängerin aus der Dose zu ersetzen.«

Von langer Hand geplant Wird die Torte tatsächlich mit der Champagnersahne über Nacht gekühlt, bevor sie verziert und gegessen wird, sollte man die Ananasscheiben erst am Kaffeekränzchentag trocknen – sie schmecken frisch am besten. Natürlich lassen sich die Torte oder einzelne Stücke einfrieren, besser jedoch ohne die Verzierung.

Erste Hilfe Wenn die Zitronencreme so gar keinen steifen Eindruck macht – nicht aus der Ruhe bringen lassen. Abwarten! Vermischt mit Sahne und Ananas wird sie immer fester, je kühler sie wird. Die Creme kalt stellen, einmal zurücklehnen und erst dann mit dem Bestreichen der Böden anfangen. Bloß nicht mit Gelatine nachhelfen wollen – die gelingt nicht bei frischer Ananas!

SCHOKOLADENTORTE MONTE NERO

Zutaten: 500 ml süße Sahne / 700 g Zartbitterkuvertüre / Butter zum Fetten der Form / 400 g Butter / 250 g Zucker / 1 TL gemahlener Zimt / 1 Prise Salz / 6 Eier / 250 g Schmand / 250 g Mehl / 2 TL Backpulver / 4 Blatt gelöste Gelatine / 500 ml Milch / 1 Pk. Vanillepudding / 200 g Zartbitterschokolade / 50 g gehackte Mandeln / 6 EL Amaretto / 100 g Rohrzucker (brauner Zucker) / evtl. 300 g Cashewkerne / evtl. 2 TL gemahlene Espressobohnen / evtl. 100 g weiße Kuvertüre / evtl. 100 g Kokosflocken

1. Die Sahne erhitzen, 300 g Kuvertüre in kleine Stücke brechen und in der heißen Sahne schmelzen. Die Schokoladensahne abkühlen lassen und über Nacht im Kühlschrank ganz erkalten und fest werden lassen. 2. Den Backofen auf 180 °C (Ober-/Unterhitze) vorheizen und den Boden einer Springform einfetten. 3. Die restliche Kuvertüre im heißen Wasserbad langsam schmelzen und dann abkühlen lassen. 4. Die weiche Butter mit dem Zucker schaumig schlagen. Den Zimt, das Salz und die Eier eines nach dem anderen zugeben. Dann den Schmand und die geschmolzene Kuvertüre zugeben. 5. Jetzt das Mehl, vermischt mit dem Backpulver, unterrühren. 6. Den Teig in die Springform füllen und auf der mittleren Schiene ca. eine Stunde backen. Den Springformrand lösen und den Kuchen abkühlen lassen. 7. Nun die Gelatine nach Packungsangabe auflösen. 8. Aus der Milch und dem Puddingpulver nach Packungsangabe einen Pudding zubereiten. Die Gelatine zu dem Pudding geben. 9. Die Schokolade grob hacken und mit den Mandeln und 3 EL Amaretto in den warmen Pudding rühren. Abkühlen lassen und eventuell noch einmal mit Amaretto abschmecken. 10. Jetzt wird es spannend: Den Kuchen auf eine Tortenplatte stürzen und aus der Kuchenmitte am besten mit dem

Eisportionierer (ein Esslöffel geht auch) Kuchenkugeln herauslösen, dabei etwa 4 cm Rand außen und ca. 3 cm Boden stehen lassen. 11. Den Kuchenkrater mit dem restlichen Amaretto beträufeln. 12. Jetzt wird die Schokocreme in die Kuchenhöhle gefüllt und die Kuchenkugeln werden als kleiner Berg auf die Füllung getürmt. Einige Kuchenkugeln beiseite stellen. Die Torte kalt stellen. 13. Die über Nacht gekühlte Schokoladensahne wird nun cremig aufgeschlagen – das geht am besten mit dem Handmixer. Dann wird die gesamte Torte ringsum damit bestrichen. Fast fertig … 14. Als Topping gibt es (mindestens) zwei Verzierungsmöglichkeiten: Variante 1: Engelshaar. Der Rohrzucker wird in einem kleinen Topf geschmolzen und karamellisiert, bis sich mit einer Gabel feine Fäden ziehen lassen. Diese werden schnell und schwungvoll um den Kuchen geschwungen bzw. mit den Fingern in die Länge gezogen und dann um die Torte drapiert. Sieht superextravagant aus, hält jedoch maximal ein bis zwei Stunden, dann liegt die Pracht flach auf dem Kuchen. Variante 2: Auf den Kuchenberg ergießen sich über und über karamellisierte Kaffeenüsse. Dazu wird der Rohrzucker in einer beschichteten Pfanne geschmolzen und mit etwas Wasser abgelöscht und eingekocht. Nun die Nüsse hinzufügen, bis sie schön karamellisieren und dann das Espressopulver darüberstreuen. Die Nüsse auf einem mit Backpapier ausgelegten Backblech ausbreiten und trocknen lassen. Nun einen Nussberg auf die Torte häufen. Diese Variante hält definitiv länger und schmeckt ziemlich extravagant. Alles geschafft!

→ »O.k., die Schokotorte ist eine richtige Bombe. Und dabei ist sie herzensgut – im wahrsten Sinne des Wortes. Internationale Studien haben ergeben, dass Schokolade bzw. Kakao das Herz-Kreislauf-System stärkt. Der darin enthaltene Farbstoff Epicatechin wirkt auf die innere Schicht der Blutgefäße und sorgt für deren Entspannung. Das wiederum entlastet das Herz und vermeidet Bluthochdruck. Epicatechin ist übrigens auch in grünem Tee, Rotwein und Traubensaft enthalten. Kurzum: Diese Torte ist gesund, macht glücklich und richtig schnell satt. Aus den beiseite gestellten Schokokuchenkugeln lassen sich ohne viel Aufwand kleine Naschereien zum obligatorischen Begrüßungsschluck herstellen. Die Kuchenkugeln noch einmal teilen und mit den Fingern etwas rundlich formen, dann in geschmolzener weißer Kuvertüre tränken, kurz antrocknen lassen und in Kokosflocken wälzen. Schmeckt genial zum Blonden Engel!

Von langer Hand geplant Die Torte hält sich im Kühlschrank mehrere Tage und lässt sich auch gut einfrieren. Nur die Dekoration sollte man dann frisch zubereiten.

ESPRESSOLIKÖR

Zutaten: 250 ml kalter, starker Espresso / 150 g brauner Zucker /
100 ml reiner Alkohol (90-prozentiger aus der Apotheke) / ca. 20 ml
Weinbrand oder Amaretto / einige Espressobohnen

1. Den frisch gekochten, abgekühlten Espresso in eine Flasche füllen. Den Zucker in 60 ml heißem Wasser auflösen und zu dem Espresso geben. 2. Den Alkohol untermischen und mit Weinbrand oder Amaretto abschmecken. 3. Den Likör in kleine Fläschchen abfüllen, ein paar Espressobohnen zugeben und gut verschlossen an einem warmen Ort ca. zwei bis vier Wochen reifen lassen. Danach kann man ihn eventuell mit Wasser, Weinbrand oder Amaretto erneut abschmecken und noch einige Tage nachreifen lassen. Schon fertig!

→ »Abgefüllt in kleine Fläschchen (ich nehme immer die Sanbitter-Fässchen) und verschlossen mit einem witzigen Korken, ist der Likör eine leckere und gut aussehende Geschenkidee, um ihn lieben Freundinnen mitzugeben. Mit dem Espressolikör lassen sich die verschiedensten Desserts oder Cremes köstlich verfeinern. Zum Tränken von Kuchenböden wäre er bestens geeignet, ist er aber eigentlich viel zu schade. Wunderbar schmeckt der Likör auch über einem Eisbecher!«

Erste Hilfe Das Wasser, das zum Auflösen des Zuckers oder später zum Verdünnen (Verschneiden) des Likörs benutzt wird, sollte idealerweise geschmacksneutral, ungechlort und weich sein. Leitungswasser sollte deshalb abgekocht und filtriert werden. Ich nehme einfach Sprudel ohne Kohlensäure.

Von langer Hand geplant Anlässe gibt es so viele, diesen Likör zu genießen – da bräuchte er gar nicht so lange haltbar sein, wie er es ist: viele, viele Wochen.

EISZEIT AM BOLLEROFEN

Wenn es draußen friert, vielleicht wieder etwas Schnee fällt und drinnen der alte Kachelofen bollert, dann freue ich mich auf meine Freundinnen und ein paar schöne gemeinsame Stunden. Für Winterkränzchen eignen sich sehr gut Januar und Februar: Die Hektik der vorweihnachtlichen Zeit ist überstanden, und es ist meistens noch zu kalt, um schon wirkliche Frühlingsgefühle zu entwickeln. Also warum dann nicht einmal bewusst das Eisige einladen - solange es nur draußen zu wirklichen Erfrierungen kommt. Gut, vielleicht ist die Idee ein bisschen verrückt, aber um das auszuprobieren, sind Freundinnen ja da. Also habe ich eine ganze Menge Crushed Ice besorgt. Aber jetzt erst einmal der Reihe nach. Ich liebe Spannungen: süß und salzig, winzig und riesig, schnell

und langsam, eisig und brennend heiß. Drinnen befeuern wir seit Tagen unseren alten Kachelofen, der Geruch nach verbrannten Holzscheiten durchzieht das ganze Haus. Draußen friert es, das heißt, ich kann die ganze Terrasse als Tiefkühltruhe nutzen. Ich friere riesige Tannenzapfen in Wasserbäder ein – mal sehen, wie das wird. Verschiedene Beeren und Blätter lassen sich prima in Sandkastenförmchen der Kinder einfrieren. Und mit zwei unterschiedlich großen Schüsseln, ineinander gestellt und beide mit Wasser und Olivenzweigen gefüllt, wird eine Eisschale gezaubert, die später auch ihren Platz auf dem Tisch finden wird – als Sektkühler. Der Sekt dazu erfriert bereits im Gefrierschrank – als Eis am Stiel. Gut, die Vorbereitungen sind alle erledigt. Jetzt wird es spannend, und alles muss ziemlich schnell gehen: zuerst die Tischdecke, dann die zerschnittenen Fellmantelteile, um die Deko einzigartig zu machen. Ich habe drei große Silbertabletts in die Tischmitte gestellt und darauf eine Lichterkette gelegt. Und jetzt kommt endlich das Eis. Viel Eis. Es wird auf allen Tabletts zu kleinen Bergen getürmt, auf denen sich lecker dekorierte Glitzerhirsche tummeln, erfrorene Zapfen und Minitannenbäumchen eine Winterlandschaft zaubern – gemacht für eine kurze Weile. Während hier die Torten schön kühl bleiben, heizt in unserem Rücken der Kachelofen den Bratäpfeln schön ein. Doch halt, noch sind wir draußen bei unserem Begrüßungs-drink: Blonder Engel. Dazu gibt es Schneebälle in drei Größen, die wir lieber essen als uns damit eine Schlacht zu liefern: Champagnertrüffel, Schokokuchenbälle und Miniwindbeutel. Die Kälte treibt uns schließlich hinein, und der Duft der Äpfel zieht uns magisch zum Ofen. O ja, hier bleiben wir. Wie lange? Ein Blick in den Kaffeesatz wird es uns vielleicht verraten ... Ein Blick auf das Eis ist da etwas genauer: Nett sitzen geht etwa drei Stunden. Dann heißt es gemeinsam aufräumen oder Tücher auslegen.

CHAMPAGNER-TRÜFFEL

Zutaten: 375 g weiße Kuvertüre / 50 g Butter / 50 g Puderzucker / 80–100 ml Champagner (Sekt geht natürlich auch) / 2–3 TL Zitronensaft

1. 125 g Kuvertüre im heißen Wasserbad langsam schmelzen lassen. 2. Die Butter und den Puderzucker hellschaumig aufschlagen. Die lauwarme Kuvertüre, den Champagner und den Zitronensaft dazugeben und weiterschlagen, bis eine spritzfähige Masse entsteht. Abschmecken! Eventuell noch etwas Champagner oder Zitronensaft nachgießen. 3. Die Masse in einen Spritzbeutel füllen (ein Gefrierbeutel mit einem kleinen Loch in einer Ecke geht auch) und relativ zügig kleine Tupfen auf ein mit Backpapier ausgelegtes Backblech spritzen. Mindestens eine Stunde kühl stellen. 4. Nun mit den Händen aus den Tupfen kleine Kugeln formen und wieder kühl stellen, dieses Mal am besten für mindestens eine halbe Stunde ins Gefrierfach. 5. Jetzt ist Zeit, um erneut ca. 150 g Kuvertüre im heißen Wasserbad langsam zu schmelzen und die restliche Kuvertüre fein zu raspeln. 6. Die gefrorenen Champagnerkugeln schnell in die flüssige Kuvertüre tauchen, kurz antrocknen lassen und in der geraspelten Kuvertüre wälzen. Fertig!

→ »Die Trüffel eignen sich hervorragend zu einem Glas Champagner oder auch Prosecco – zum Empfang oder einfach so zwischendurch. Ich verschenke die Trüffel, verpackt in ein kleines Organza-Säckchen, auch gerne als Mitbringsel.«

Von langer Hand geplant Die Champagnertrüffel halten sich mehrere Tage zugedeckt im Kühlschrank.

Erste Hilfe Wichtig bei der Zubereitung ist, dass die Kuvertüre für die Füllung ganz geschmolzen ist und keine Stückchen mehr hat. Wenn die Masse dann im Spritzbeutel ist, muss sie schnell verarbeitet werden, weil die Kuvertüre sonst wieder fest wird.

SCHNEEBÄLLCHEN

Zutaten: 60 g Butter / 1 Prise Salz / 150 g Mehl / 4–5 Eier (je nach
Größe) / 1 TL Backpulver / 400 g süße Sahne / 2 Pk. Sahnesteif / 2 Pk.
Vanillezucker / ca. 80 ml Eierlikör / 1 EL geriebene Bio-Orangen-
schale / 100 g weiße Kuvertüre / ca. 100 g Kokosflocken oder Kokosraspel

1. Die Butter mit 250 ml Wasser und dem Salz in einem Topf einmal aufkochen lassen. 2. Das Mehl auf
einmal hineinschütten und den Teig bei starker Hitze so lange mit einem Holzlöffel rühren, bis sich ein
Kloß bildet und sich am Topfboden eine weiße Schicht absetzt (»den Teig abbrennen«). 3. Den Teig in
eine Schüssel geben und etwas abkühlen lassen. 4. Ein bis zwei Backbleche mit Backpapier belegen
und den Ofen auf 180 °C (Ober-/Unterhitze) vorheizen. 5. Nun jedes Ei einzeln in den Teig geben,
bevor das nächste aufgeschlagen wird. Jedes Ei – am besten mit dem Knethaken – unterrühren, bis es
verschwunden ist. 6. Dann das Backpulver zufügen. 7. Den Teig in einen Spritzbeutel füllen und kleine
Kugeln aufs Blech spritzen, etwa in der Größe von Tischtennisbällen. Das geht auch mit zwei Esslöffeln.
Wichtig ist nur, genügend Abstand zwischen den Windbeuteln zu lassen (mindestens eine Handbreite) –
sie gehen noch richtig schön auf. 8. Nun die Bleche nacheinander in den heißen Ofen schieben und
ca. 35 Minuten backen. Die Backofentür dabei nicht öffnen, sonst geht die Pracht nicht hoch bzw. zerfällt
gleich wieder. 9. Die Windbeutel nach dem Backen sofort vom Blech lösen, aufstechen (geht gut mit
einem Holzspieß), damit die heiße Luft entweichen kann, und auf einem Kuchengitter ganz abkühlen
lassen. 10. Für die Füllung die Sahne steif schlagen, dabei zunächst das Sahnesteif und den Vanillezucker
und schließlich den Eierlikör und die Orangenschale unterrühren. 11. Nun wird die Eierlikörsahne in die
Beutel gefüllt; das geht nun doch am besten mit einem Spritzbeutel mit einer langen Spitze. 12. Um
aus den jetzt schon sehr leckeren Eierlikörbeuteln kleine Schneebälle zu zaubern, wird die Kuvertüre
im heißen Wasserbad langsam geschmolzen. Dann werden die Windbeutel mit der flüssigen Kuvertüre
bepinselt und in den Kokosflocken gerollt. Fertig!

→ »Je kleiner die Windbeutel gelingen, desto besser eignen sie sich als Willkommenssnack oder als süßes Give-away! Natürlich lassen sich die Schneebälle auch wunderbar mit verschiedenen Früchten und Sahne füllen und sind so die Favoriten meiner Kinder!«

Erste Hilfe Die Größe der Eier spielt für die Konsistenz des Teiges eine entscheidende Rolle. Enthält der Teig zu viele Eier, wird er zu flüssig und lässt sich nicht mehr formen. Ist die Eiermenge zu gering, kann der Teig nicht genug aufgehen. Wenn ein ganzes weiteres Ei eventuell zu viel würde, kann man es einfach verquirlen und esslöffelweise zum Teig geben, bis er die richtige Konsistenz hat.

Von langer Hand geplant Der gebackene, noch nicht gefüllte Teig lässt sich am nächsten Tag bei mittlerer Hitze in kurzer Zeit im Backofen wieder knusprig aufbacken. Gebackene, nicht gefüllte Minibällchen eignen sich auch super als Suppeneinlage.

BRATÄPFEL MIT SCHNEEHAUBE

Zutaten: 6 Äpfel / 9 getrocknete Pflaumen / 2 EL Rosinen / 3 EL gemahlene Haselnüsse / 2 TL Zimt / 3 EL Honig / 3 EL süße Sahne / Butter für die Form und einige Butterflöckchen / 1 Eiweiß / 50 g Zucker

1. Den Backofen auf 180 °C (Ober-/Unterhitze) vorheizen. 2. Die Äpfel waschen und das Kerngehäuse herausstechen. 3. Die Pflaumen ganz klein schneiden und mit den Rosinen, den Haselnüssen, dem Zimt, dem Honig und der Sahne mischen. Die ziemlich klebrige Masse in die Äpfel füllen. 4. Nun die Äpfel in eine gefettete Auflaufform setzen, Butterflöckchen darüber verteilen und die Form für 30 Minuten in den Ofen schieben. 5. Das Eiweiß sehr steif schlagen und ganz langsam den Zucker einrieseln lassen. 6. Den Eischnee auf die Äpfel verteilen. Den Backofen auf 120 °C herunterschalten und die Äpfel mit den Häubchen etwa eine Stunde darin trocknen lassen. Sofort warm genießen!

→ »Unser Kachelofen hat eine kleine Tür mit einem kleinen Blech dahinter und da passt genau die Auflaufform drauf. Es gibt nichts Gemütlicheres als den Duft der Äpfel, der aus dem Kachelofen durchs ganze Haus zieht. Die Bratäpfel mit Schneehaube sind sehr schnell gemacht und auch ein leckerer Nachtisch. Sie schmecken zudem mit Vanillesauce oder Vanilleeis ganz wunderbar!«

CHAMPAGNER-STIEL-EIS

Zutaten: 3 Blatt Gelatine / 2 Stücke unbehandelte Zitronenschale / 100 g Zucker / ca. 230 ml Champagner (Sekt geht natürlich auch)

1. Die Gelatine nach Packungsangabe zubereiten. 2. 100 ml Wasser mit der Zitronenschale und dem Zucker köcheln lassen, bis sich der Zucker ganz löst. Dann die Gelatine im Zuckersud auflösen. Alles ca. 5 Minuten abkühlen lassen. 3. Nun den Champagner unterrühren. 4. Den Champagnercocktail in ca. 6 gefriergeeignete kleine Tässchen oder Gläser füllen und mit Klarsichtfolie doppelt abdecken. 5. Möglichst kleine Löffel (Mokka- oder Espressolöffel) durch einen kleinen Ritz in der Klarsichtfolie mittig in die Gefäße stellen. Sollten sie nicht stehen wollen, einfach mit einem Stück Folie stabilisieren. Das Sorbet mindestens 8 Stunden (am besten über Nacht) in den Gefrierschrank stellen. Fertig!

→ »Als Gefäße eignen sich gut kleine Espressotassen; sie müssen allerdings genügend Tiefe haben, denn nur der Löffelstiel darf noch herausschauen, damit das Sorbet nachher hält. Auch dieser Genuss ist zeitlich sehr begrenzt, weil sich das Sorbet um den Löffel herum rasant erwärmt. Schnell lutschen! Wer von Schokolade nicht genug bekommen kann, löst etwa 100 g weiße Schokolade in gut 120 g warmer, süßer Sahne auf und dipt das Stiel-Eis hin und wieder genussvoll ein. Sehr schick und sehr lecker!«

BESCHWIPSTE MARONEN

Zutaten: 12 Maronen (geschält und gegart) / 20 ml Orangensaft /
1 Msp. Zimt / 12 ganz dünne Scheiben roher Schinken / 12 kurze
Olivenzweige / 30 g Butter / 20 ml Cointreau

1. Die Maronen mit dem Orangensaft und dem Zimt so lange köcheln lassen, bis die Flüssigkeit verkocht ist. Abkühlen lassen. 2. Dann den hauchdünnen Schinken um die Maronen wickeln und mit dem Oliven-zweig feststecken. 3. Die Butter schmelzen und die eingewickelten Maronen dazugeben. 4. Mit dem Cointreau ablöschen und leicht durchschwenken. Schon fertig!

→ »Natürlich könnte man auch Zahnstocher in die Maronen
pieksen, aber diese können optisch mit den Olivenzweigen
natürlich nicht mithalten! Eigentlich sollte man Maronen im
Winter immer im Haus haben. Sie machen auch aus einem grünen
oder einem Obstsalat gleich etwas Besonderes. Schon geschält
und gegart sind sie nicht immer leicht zu bekommen, deswegen
greife ich immer gleich zu, wenn ich sie entdecke, zumal sie
sehr lange halten.«

LUFTIGES RACLETTE-SOUFFLÉ

Zutaten: Butter und Mehl für die Förmchen / 4 Eier / 1 Prise Salz / 2 Bund Schnittlauch / 200 g Raclettekäse / 150 g Ricotta / Pfeffer / frisch geriebene Muskatnuss / 1 TL Backpulver

1. Sechs kleine, ofenfeste Tassen oder Förmchen gut einfetten und mit Mehl ausstäuben. 2. Die Eier trennen. Das Eiweiß mit einer Prise Salz sehr steif schlagen. 3. Den Backofen auf 225 °C (nur Unterhitze, auf keinen Fall Umluft!) vorheizen. 4. Den Schnittlauch in kleine Röllchen schneiden; das geht am besten mit der Schere. 5. Den Raclettekäse fein reiben und mit dem Ricotta, dem Pfeffer und einer guten Prise Muskat kräftig würzen. 6. Das Eigelb, vermischt mit dem Backpulver und dem Schnittlauch, unter die Raclettemischung rühren. Anschließend vorsichtig das Eiweiß unterheben. 7. Die Masse in die Förmchen verteilen, auf ein tiefes Backblech setzen und in den Ofen schieben. So viel heißes Wasser vorsichtig ins Backblech gießen, dass die Förmchen zu etwa einem Drittel im Wasser stehen. 8. Die Soufflés ca. 20 Minuten backen, die Tür währenddessen nicht öffnen und die Soufflés danach sofort servieren. Guten Appetit!

→ »Die Soufflés sind ein superleckerer Abschluss nach einem süßen Gelage – schmecken aber auch solo richtig lecker! Sie eignen sich gut, um verschiedene Käsestücke zu verbrauchen oder mit verschiedenen Käsesorten zu experimentieren. Es ist allerdings wichtig, die Förmchen gut einzufetten und danach mit Mehl auszustäuben – denn nur dann geht die luftige Masse richtig schön hoch. Wie so viele Dinge im Leben hält die Pracht nur einen Augenblick. Sofort servieren und genießen!«

ALPHABETISCHES REGISTER

Ananas, Champagner-Ananas-Torte 115
Ananas im Obstsalat 109
Äpfel, Bratäpfel mit Schneehaube 131
Apfel, Mandelkrüstchen 96
Äpfel, Schnelle Äpfel im Glas 83
Äpfel, Schwimmende Äpfel 76
Apfelstrudel 94
Aprikose, Versunkener
Aprikosenkuchen 66

Beschwipste Maronen 132
Birne, Ellis Birnentorte 86
Birnenbrüstchen 86
Blaubeermarmelade 72
Blaubeertarte 64
Blonder Engel 106
Blüten, Frühlingsblüten 33
Blüten, gezuckert (Blütenfest mit
Fliederduft) 24
Bowle, Rosenbowle 48
Bratäpfel mit Schneehaube 131

Café Noisette (Herbstgeschnatter) 79
Champagner-Ananas-Torte 115

Champagner-Stiel-Eis 131
Champagner-Trüffel 127

Datteln auf Silberlöffelchen 102

Eierlikör, Blonder Engel (Winter-
zauber) 106
Eierlikör, Espresso-Eierlikör-
Torte 112
Ellis Birnentorte 86
Erdbeeren (Frühlingsplausch) 18
Erdbeerschäumchen 19
Espresso-Eierlikör-Torte 112
Espressolikör 120

Fächertorte 89
Feigen im Obstsalat (Winter-
zauber) 109
Feigenmuffins mit Birnenkompott 100
Feigenspieße (Winterzauber) 109
Fliedersorbet 30
Frühlingsblüten 33

Granatapfel (Frühlingsplausch) 109

Himbeeren, Himbeertraum 62
Himbeeren, Kleiner Onkel – Rosa
Tante 38
Hippen, Frühlingsblüten 33

Johannisbeeren, Von der Rolle 68

Kaffee, Café Noisette 79
Kaffee, Milchkaffee 56
Kartoffeln, Scharfe Frühlings-
kartoffeln 40
Klein, fein und süß 21
Kleiner Onkel – Rosa Tante 38

Likör, Espressolikör 120
Luftiges Raclette-Soufflé 133

Marmelade, Blaubeermarmelade 72
Maronen, Beschwipste Maronen 132
Mandelkrüstchen 96
Milchkaffee on the rocks 56
Mohn, Kleiner Onkel – Rosa Tante 38

Nussknacker 99

Obstsalat (Winterzauber) 109

Pflaumenmus, Fächertorte 89
Picknick-Brot 50
Polenta-Plätzchen 52
Prosecco mit Birnenbrüstchen 79
Prosecco, Von der Rolle 68
Rhabarber-Törtchen 34
Rosenbowle 48

Scharfe Frühlingskartoffeln 40
Schokolade, Süße Schokoladen-
Sünde 55
Schokoladentorte Monte Nero 117
Schneebällchen 128
Schnelle Äpfel im Glas 83
Spargelspitzen 42
Süße Schokoladen-Sünde 55
Süß und Spießig 84

Versunkener Aprikosenkuchen 66
Von der Rolle 68

Zitronenmuffins 37

REGISTER NACH ART DER REZEPTE

ZUM MITGEBEN Blaubeermarmelade 72 | Champag-
ner-Trüffel 127 | Erdbeerschäumchen 19 | Espresso-
likör 120 | Frühlingsblüten 33 | Klein, fein und
süß 21 | Schneebällchen 128 | Schnelle Äpfel im
Glas 83

FLÜSSIGES UND GEFRORENES Birnenbrüstchen
(Ellis Birnentorte) 86 | Blonder Engel 106 |
Blüteneiswürfel (Rosenbowle) 48 | Café Noisette
(Herbstgeschnatter) 79 | Champagner-Stiel-
Eis 131 | Espressolikör 120 | Fliedersorbet 30 |
Kleiner Onkel – Rosa Tante 38 | Milchkaffee on the
rocks (Kalter Kaffee unter freiem Himmel) 56 |
Rosenbowle 48

WENN ES SCHNELL GEHEN SOLL Beschwipste
Maronen 132 | Blaubeertarte 64 | Bratäpfel mit
Schneehaube 131 | Datteln auf Silberlöffelchen 102 |
Feigenmuffins mit Birnenkompott 100 | Feigenspieße
(Winterzauber) 109 | Frühlingsblüten 33 | Luftiges

Raclette-Soufflé 133 | Mandelkrüstchen 96 |
Obstsalat (Winterzauber) 109 | Scharfe Frühlings-
kartoffeln 40 | Schneebällchen 128 | Schnelle Äpfel
im Glas 83 | Spargelspitzen 42 | Süße Schokoladen-
Sünde 55 | Versunkener Aprikosenkuchen 66 |
Zitronenmuffins 37

MUSSESTUNDEN EINPLANEN ODER GLEICH DRÜBER
SCHLAFEN Apfelstrudel 94 | Champagner-Ananas-
Torte 115 | Champagner-Stiel-Eis 131 | Champagner-
Trüffel 127 | Ellis Birnentorte 86 | Erdbeer-
schäumchen 19 | Espresso-Eierlikör-Torte 112 |
Fächertorte 89 | Fliedersorbet 30 | Himbeer-
traum 62 | Klein, fein und süß 21 | Kleiner Onkel –
Rosa Tante 38 | Nussknacker 99 | Picknick-Brot 50 |
Polenta-Plätzchen 52 | Rosenbowle 48 | Schokoladen-
torte Monte Nero 117 | Süß und Spießig 84 | Von der
Rolle 68

DIE TAFEL SCHÖN DECKEN Blüten, gezuckert und
gebacken (Blütenfest mit Fliederduft) 24 |
Blütenplätzchen (Rhabarber-Törtchen) 34 |
Crushed Ice (Eiszeit) 122 | Eisdekorationen
(Eiszeit am Bollerofen) 124 | Eisschalen
(Eiszeit am Bollerofen) 124 | Flieder unter Glas
(Blütenfest mit Fliederduft) 27 | Flohmarktfunde
(Frühlingsplausch) 16 | Frühlingsblüten 33 |
Schwimmende Äpfel (Herbstgeschnatter) 76 |
Tannenzapfen, gefrorene (Eiszeit) 124 | Walnüsse
(Herbstgeschnatter) 76

EIN LETZTES WORT

Ich habe nicht von klein auf gebacken - zu Hause habe ich mich immer dezent zurückgehalten. Doch irgendwann bin ich ausgezogen. Und mit der eigenen Wohnung starteten die eigenen Einladungen. »Think big« war eigentlich schon immer mein Motto - auf jeden Fall bei der Anzahl der Gäste und auch, wenn es ums Essen ging. Bei mir darf kein Kuchen aufgegessen sein, bevor die Party nicht zu Ende ist. Und natürlich soll es verschiedene Leckereien geben und nicht bei jedem Fest das Gleiche! Da hilft nur eins: selber machen! Und so backe ich von Kaffeeklatsch zu Kaffeekränzchen, von Geburtstagsfest zu Tauffeier, von der wirklich großen Party zum obligatorischen Freundinnentratsch. Jedes Mal ein bisschen anders.

Ich liebe die Zeit der Vorbereitung: In Zeitschriften zu schmökern, meine uralten Backbücher wieder herauszukramen, mit meiner Mutter über unterschiedliche Zubereitungsmöglichkeiten zu diskutieren und natürlich immer und überall Kuchen zu essen. Bei uns im Münsterland gibt es ein paar Cafés, ziemlich weit draußen zwischen Feldern gelegen, die Kuchen und Torten anbieten, hergestellt von den Landfrauen aus der unmittelbaren Umgebung. Ich glaube, das hat mich wirklich geprägt. Die Vorstellung, durch den eigenen Garten zu gehen, Beeren, Pflaumen oder Äpfel zu ernten und daraus einen Strudel, eine Torte oder einen dick belegten Obstboden zu backen - das ist mein Ideal. Ein Bummel über den Wochenmarkt macht aber auch viel Spaß und bietet eine reiche Auswahl an regionalen Produkten.

Wichtig für mich ist es, auf die Jahreszeit zu achten und gemäß dem Angebot zu backen und zu kochen. Natürlich backe ich auch mal einen Kuchen mit Sauerkirschen aus dem Glas - aber lieber schäle ich Birnen. Immer wieder schaue ich in mein altes »Backvergnügen wie noch nie« (GU), in »Tortengeheimnisse« und »Tortenträume« aus Land- und Hofcafés (Landbuch Verlag Hannover) und in die Zeitschriften Landlust und Elle bistro. »Die große Welt der Getränke« (Orbis GmbH) stammt aus den 70ern, das Buch »Kaffeeklatsch – Die Stunde der Frauen« (Elisabeth Sandmann Verlag) ist ganz neu und lesenswert. Das Internet nutze ich eher als Nachschlagewerk für einzelne Schritte oder bestimmte Zutaten. Und dann ist meine Familie und sind meine Freundinnen dran, immer wieder Kuchen zu probieren. Mit euch, Mädels, macht es richtig viel Spaß! Danke für Eure Kaffeeklatschzusagen – immer wieder: Mariann, Cora, Eva, Isa, Uschi, Sylvie, Helena, Margarethe, Silvana, Annette, Rosa, Yvonne, Katja, Ursula, Iris, Claudia, Tine, Sandra, Tina, Ariane, Gema, Dorit, Paula, Enikö, Isabell, Almut, Farnaz, Corina, Anne, Dani, Bettina. Danke an Dich, Conny - Du kamst auf die Idee mit diesem Buch und hast wunderschöne Fotos geschossen! Danke an den Thorbecke-Verlag und an meine Lektorin, Frau Drostel, Sie haben nie die Geduld verloren, sich viel Mühe mit uns gegeben und sind mutig neue Schritte gegangen! Danke an den Blumenstand »Benzing« auf dem Markt und »Blumen am Bubenbad« für manche florale Unterstützung. Danke auch an meine Kinder – Ihr seid sehr ehrlich (igitt, das mag ich nicht), aber Gott sei Dank auch noch beeinflussbar (schnell etwas Schokolade darüberschmelzen). Und danke an meinen Mann: Du weißt wofür und hast glücklicherweise immer Hunger.

DIE AUTORINNEN

Elles Kärcher, geboren 1971, studierte Rhetorik, Romanistik und Germanistik in Tübingen. Sie ist leidenschaftliche Gastgeberin, und der große Freundeskreis profitiert und animiert immer wieder zu neuen kreativen Köstlichkeiten, zu frischen Kuchen und opulenten Torten, die mit viel Liebe und Engagement gebacken werden. Zu einem Kaffeeklatsch für Freundinnen kam auch Conny Marx und mit ihr die Idee zu diesem Buch - nachdem sie einige Stückchen Kuchen probiert hatte.

Conny Marx, geboren 1976, lebt in Stuttgart und liebt die schönen Dinge und besonderen Augenblicke des Lebens. Als freie Fotografin spielt sie mit der Wirklichkeit und dem Moment, mag es lieber, wenn ihre Bilder atmen und leben, denn die gewollte Inszenierung. Von ihr stammen sämtliche Fotos dieses Buches.

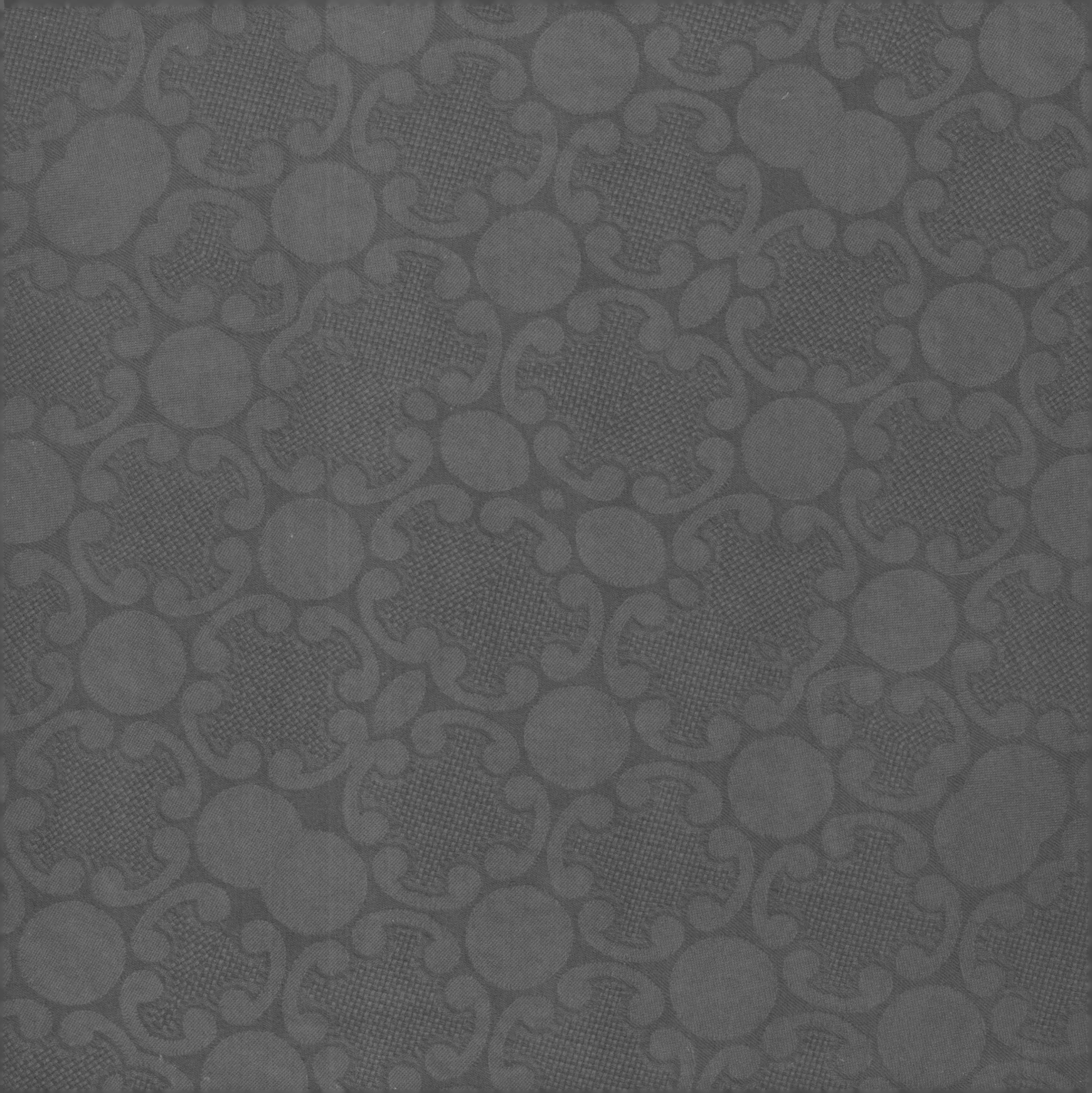